Wilma Taubenberger

Charles’ Tageb

Erzählungen eines jun

Ban

edition fischer

Bibliografische Information Der Deutschen Bibliothek
Die Deutsche Bibliothek verzeichnet diese Publikation in der Deutschen Nationalbibliografie; detaillierte bibliografische Daten sind im Internet über http://dnb.ddb.de abrufbar

Orber Str. 30, D-60386 Frankfurt/Main

Schriftart: GoudySans 13°
Herstellung: Satz*Atelier* Cavlar / NL
Printed in Germany
ISBN 978-3-89950-323-4

»In einer Welt des Hasses
und der Gewalt
dürfen wir glücklich sein,
der Ehrfurcht vor dem Leben zu dienen.

Ethisch ist der Mensch nur,
wenn ihm das Leben,
auch das Leben des Tieres heilig ist.«

Albert Schweitzer

07.05.2006

Meine Geschwister und ICH haben das Licht der Welt erblickt!

Wir sind neun an der Zahl und alle, samt Mama Anna, wohlauf. Wir sind sehr hungrig und immer »hundemüde«.
Anfangs war ich schon schockiert, kalt und unfreundlich kam mir hier alles vor. Im Bauch meiner Mama war die Temperatur perfekt auf uns abgestimmt, für Nahrung wurde irgendwie auch immer ausreichend gesorgt. Wenn da nicht das Platzproblem massiv geworden wäre ... ich weiß nicht, ob ich umgezogen wäre. Aber kein Wunder, neun Babys, davon zwei dicke Brüder, machten uns einfach zu schaffen.
Eine meiner Schwestern wollte wieder reinschlupfen, weil sie auch so schockiert war, aber Mama Anna war der Ansicht, sie wollte ihren Körper wieder allein bewohnen. Es gab kein Zurück, aber ganz dicht in Mamas Fell gekuschelt war es okay.

17.05.06

In der Wurfkiste

– so nennt man dieses Minizimmer – verbringen wir die meiste Zeit. Es ist sehr kuschelig und gemütlich und wenn wir Hunger haben, kommt unsere Mama herein und das »große Krabbeln« beginnt.
Klar, alle wollen eine Zitze haben, zwar hat Mama genug, trotzdem dauert es eine Weile, bis alle besetzt sind. Die kleinen sind nicht so beliebt, da kommt nicht so viel heraus. Ich hab den Dreh schon ganz gut raus und wenn ich schneller bin als mein dicker Bruder, dann werd ich auch gut satt.

Ende Mai — Freigang

Ab und zu, wenn alle Mitglieder unserer Pflegefamilie zu Hause sind, kommen wir raus in den Hof. Da hat man schon ein großes Gehege vorbereitet für die Zeit, wenn wir aus dieser Kiste platzen – und das kann nicht mehr lange dauern, so schnell wie wir wachsen. Die Wamperl meiner beiden dicken Brüder wächst beinah explosionsartig in die Breite. Wie kann man sich nur schon so früh die Figur versauen, versteh ich nicht! Wo man doch immer wieder hört, dass schon im frühen Babyalter die Grundsteine für Fettleibigkeit gelegt werden.

Und was die zwei zu viel fressen, geht uns anderen natürlich ab – und keiner merkt's! Die Mädls ziehen sowieso den Kürzeren, aber bei denen ist es eh besser, wenn man die Rippen unter dem Fell sieht. Vielleicht schlagen sie mal eine Modelkarriere ein und da sind Bohnenstangen ja gefragt. Bevor die drankommen hab ich ja auch noch was zu sagen, schließlich müssen wir Männer mal die Familien ernähren wie der Boss von der Pflegefamilie auch.

Mit großem Vergnügen stelle ich fest, dass langsam außer meinem Geruchs-, Hör- und Spürsinn nun auch noch ein weiterer Sinn zur Verfügung steht – meine Augen sehen immer klarer und klarer und: »Das hat was!«
Es ist einfach witzig, wenn ich in Richtung blaue Unendlichkeit blinzle, und die hell-gelben Strahlen vom Sun Lieserl kitzeln mich in der Nase. Außerdem seh ich nun auch den Fressnapf früher kommen und die Zitzen finde ich auch schneller. Einziger Nachteil, ich glaub, meine Geschwister sehen es auch!

Mei – bin ich süß!

Schlacht am warmen Buffet ...; Mama kriegt die Reste, dabei ist die eh schon groß und bräuchte eigentlich gar nichts mehr!

05.06.06

Wir bekommen Besuch!

Aufregung im Zwinger – Besucher kommen! Gestern waren schon welche da, die hab ich aber gar nicht so wahrgenommen, war viel zu müde. Heute ist es nicht ganz so warm und der Mittagsschlaf ist grad um. Eine Frau, ein junger Mann und ein kleines blondes Mädchen stehen vor unserem Zaun und bestaunen uns mit großen Augen. Wir müssen schon ganz was Besonderes sein, so wie die schauen und grinsen. Die Kleine quietscht richtig!

Die Leute bleiben den halben Nachmittag, während wir ein Schläfchen einlegen. In dieser Zeit kümmert sich unsere Pflegemutter um sie und wir werden ab und zu begrapscht und gestreichelt.

Der junge Mann ekelt sich, als er sieht, dass meine Mama unsere Häufchen frisst, und das kleine Mädchen will gleich mit so einer grünen Schlange kommen, wo Wasser rausläuft – wie kommt sie nur auf die Idee?

07.07.06

Der Duft nach Heu

Die Wurfkiste wird langsam zu eng und wir machen immer öfter einen Besuch im Hof, wo wir auch im Heu mit unserer Ziehmutti schlafen. Schläft die oder passt sie vielleicht auf uns auf?
Heu ist toll, man kann daran kauen, es herumziehen, sich drin wälzen, reinkuscheln und wenn's schnell gehen muss, auch reinpinkeln.

Das ist einer meiner dicken Brüder, schlimm der Speck! Oder?

02.07.06

Der Zuchtwart kommt

Auf diesen Mann warten die Pflegeeltern schon seit Tagen, denn er muss uns untersuchen und tätowieren. Eine Prozedur, bis endlich alle dran sind. Auch ich komme nicht aus und an mir (so empfinde ich es) grapscht er besonders lange herum. Angeblich ist irgendetwas nicht ganz korrekt. Geimpft werden wir auch noch, aber ich muss gestehen, hab nichts gemerkt!
Am Abend höre ich, wie meine Pflegemama telefoniert und jemanden am anderen Ende der Leitung fragt, ob man mich trotzdem nimmt, da ich zur Zucht nicht geeignet sei. Na, da komm ich mir gleich vor wie »zweite Wahl,« pahh! Ich bin einer der schönsten Welpen überhaupt, wenn ich mir da so meine dicken Brüder anschaue oder meine dünnen Schwestern – nein, ich bin der Schönste hier überhaupt!

Gestatten, dass ich mich vorstelle:

Aus der Welpenfibel (mit freundlicher Genehmigung – Copyrigth VSSÖ 2001)

Mein Name ist Charles, ich bin ein Hund! Ein Berner Sennenhund!
Die ausdrückliche Feststellung, dass ich ein Hund bin, erscheint mir sehr wichtig, denn nur allzu oft vergleichen uns die Menschen mit ihresgleichen und da beginnen dann die ersten Probleme in unserem täglichen Hundeleben. Du willst nun sicher wissen, wie ich mir das Zusammenleben mit einer Familie vorstelle.
Mit einem weinenden und einem lachenden Auge werde ich nun bald meine Mutter und meine Geschwister verlassen, gehe zu meiner neuen Familie und möchte ihnen ein treuer und liebenswerter Hausgenosse werden.
Ganz allein kann ich das beim besten Willen nicht schaffen und brauche Hilfe, denn noch bin ich ja ein Hundebaby, das auf die Hilfe und Liebe von Herrl und Familie angewiesen ist.
Zu Beginn hoffe ich, dass sie für mich bereits ein oder mehrer Plätzchen ausgewählt haben, wo ich schlafen kann. Sie müssen nicht denken ich könnte mit ihnen zusammen in einem Raum schlafen, nur weil ich noch klein bin. Ich werde von Tag zu Tag grösser und stärker und eines Tages wäre das Zusammenleben mit mir in einem Raum oder gar Bett gar nicht mehr möglich. Dann werfen sie mich bestimmt raus und da hätte ich dann ein echtes Problem.

08.07.06

Heute ist mein großer Tag!

Bald in der Früh herrscht Aufregung im Zwinger von »Klein St. Veit«. Wie den Tag zuvor kommt Besuch und bestimmt geht einer meines Geschwister, vielleicht sogar ICH, mit.
Es ist jetzt so die Zeit, wo wir unsere Mama und die Pflegefamilie verlassen. Es war eine wunderbare Zeit hier, mir hat es an nichts gefehlt und meine Mama war immer zum Kuscheln da.
Die Pflegemama hat dafür gesorgt, dass sich mein Kohldampf im Zaum hielt, da Mamas Milch ja wirklich nur was für Babys ist – und das bin ich ja schon lange nicht mehr.

Meine ersten Erfahrungen hab ich hier gesammelt, wie zum Beispiel: die großen gelben Brummer in Ruhe zu lassen, weil das ganz schön wehtun kann; die schmierigen braunen Kriecher nicht ins Maul zu nehmen, weil ich die nicht mehr rausbekomm, so wie die kleben.
Mit meinen Geschwistern zu spielen hat echt Spaß gemacht, aber langsam merke ich, dass es da noch was anderes geben muss, irgendetwas fehlt mir hier.

Plötzlich kommen zwei Menschen zum Tor herein und als meine Pflegemama schnurstracks auf mich zugeht und mich aufhebt, weiß ich – »HEUTE GEHE ICH HEIM!«

Meine Pflegemama legt mich in den Arm dieses Mannes und da ist es schon um mich geschehen – das ist also mein Herrl – ein Mensch, dem ich mein Leben verschreibe, ihm treu bleibe, bis ich meine Augen irgendwann schließe.
Jetzt kann ich verstehen, was ich von meinem Onkel und meiner Mutter gehört habe: »Wenn du dein Herrl gefunden hast, wirst du ihm ewig treu sein, das ist unser Hundeleben.«

Ich schmiege mich an mein Herrl und atme ganz tief durch, ja, das ist er! Sofort ist da dieses unbeschreibliche Gefühl der Zusammengehörigkeit, so viele Worte kenn ich noch gar nicht, um das zu beschreiben. Nach langer Zeit gibt mich mein Herrl der Frau neben ihm und sie mag ich auch sofort leiden. Sie wird mein Frauerl sein, kommt mir eh bekannt vor. Ich glaub, die war schon mal da!
Jetzt hab ich eine Familie.

Nach einem letzten Gespräch mit meinen Pflegeeltern werde ich in ein Auto gesetzt und es kann losgehen. Das Verabschieden tut gar nicht so weh, wie ich mir das vorgestellt habe. Ich bedanke mich noch bei meiner Mama für alles; auch sie lässt mich gerne gehen, wir sind ihr die vergangenen neun Wochen doch schon ziemlich auf die Nerven gegangen. Die Zeit ist einfach gekommen und Cora, meine Schwester, bleibt ja da.
Wir fahren ziemlich lange und mein Herrl bleibt mal – stehen und das ist gut, weil ich in der Wiese gleich mein Laki machen

kann. Ich darf bei den Füßen meines Frauli sitzen, was sehr angenehm für mich ist. So kann ich auch immer wieder bewundernd zu meinem Herrli hinüberschauen und er zu mir. Ich glaub, der hat mich jetzt schon lieb!

15.07.06

Mein Onkel Sam schreibt mir:

Hallo Charles, zwischenzeitlich hast du die große Reise angetreten und bist in deinem neuen Heim eingezogen!

Von meiner Schwägerin Anna (deiner Mutter) habe ich erfahren, dass du immer großen Hunger hast und bald den Putz von den Wänden frisst!
Ich könnte dir im Moment locker ein großes Fresspaket schicken, denn mein Tagesbedarf sind im Moment läppische 150 g Trockenfutter und sogar auf die verzichte ich an so manchem Tag, was allerdings mit der Außentemperatur zusammenhängt. Mit sinkender Temperatur steigt mein Kohldampf wieder an. Aber im Moment könnte ich dich wirklich verwöhnen.
Also, bevor du komplett verhungerst, kauf dir eine Bahnkarte nach Graz – ich hol dich ab und lade dich auf eine steirische Jause ein. Zum Dessert gibt es dann noch gut abgelegene Rinderknorpel, frisch aus der Erde!

Andererseits hat deine Familie schon recht, wenn sie auf deine Figur achtet! Du willst doch wohl nicht als »Berner Speckweckerl« durchs Leben wandeln.
Mein Tipp: Friss Gras, das macht auch satt und ist gut für die Figur.

Viele Pfötchen, dein »Onkel Sam«

Mein Stammbaum

Also, dass ich ein »von« bin ist schon sehr interessant, aber der Stammbaum ist einen Brüller wert!

Meine Mama heißt Anna und ist eine »von Klein St. Veit«, mein Vater heißt Bastian und ist auch ein »von«. Aber da findet man Namen wie »Eddie vom Halleschen Tor«, »Cookie vom Brausenberg« oder »Miranda von der alten Allee«. Aber der Schlager ist »Heiko vom durstigen Bruder« (hoffentlich hab ich von dem keine Gene mehr – da musst dich ja schämen!)

16.07.06

Ich schreibe einen Brief:

Hallo Mama, Onkel Sam, Freunde und andere Fans!

Jetzt schreib ich euch etwas von meinem neuen Zuhause! Ich kann euch sagen, ich hab's supergut erwischt (nachdem sie nun endlich die Geschichte mit meinem Futter im Griff haben!)

Zuerst war ich ein bisschen skeptisch, schleppten die mich doch von einem Haus in ein anderes. Immer was los hier, viele Leute und alle tun, als würden sie mich schon ewig kennen ...! Und dann ist da noch so eine alte, unfreundliche Hündin! —Na ja! Zwei Tage hab ich mir das am Rande angeschaut, doch jetzt hab ich alles im Griff! Die Alte macht viel Wind um nichts zwei Nächte hab ich bei meinem Herrli geschlafen, aber jetzt hat die Fanny (so heißt die Hündin) mir ihren Platz überlassen von selbst, sie hat zwar geknurrt und ich blieb trotzdem sitzen, jetzt schläft sie einen Stock höher.

Die ständig wechselnden Menschen hier (man nennt es Hotel und Gasthaus) haben auch was Gutes! Täglich neue Bewunderer lassen sogar so einen harten Kerl wie mich dahinschmelzen, nur mein Frauli ist ein bisschen eifersüchtig und räumt mich immer gleich wieder weg. So geh ich halt ins kühle Büro oder heim.

Zwischen meinen Schlafeinheiten wird's mir auch nie fad: ein wenig Omas Hühner jagen (die fuchtelt dann mit ihren Händen so eigenartig) oder den doofen Schafen beim Fressen zuschauen, aber noch lieber ärgere ich Fanny.
Das geht ganz einfach: wenn die Faule so tut, als würde sie mich nicht verstehen, zwick ich ihr in den Schwanz – dann geht die Post ab!, ich kann euch sagen, die wird richtig schnell auf ihre alten Tage. Zum Glück haben wir überall kleine Ecken zum Verstecken und wenn ich da wieder rauskomm, hat sie alles vergessen.

Dann gibt es da noch die Viktoria in ungefähr meiner Größe, hat immer was Flatterndes an, kreischt ganz toll, besonders wenn ich sie in die Haare zwicke, und hat immer was Essbares dabei. Die wird mein Kumpel werden, das krieg ich schon hin!

Also bis zum nächsten Bericht alles Liebe und haltet die Ohren steif (Scherzerl!)

euer Charles

22.07.06

Ein Brief von Onkel Sam

Hallo ... Cora, Nellie, Mädi, Cajo, Caesar, Charles und Casimir!
U N D ... wie gefällt das Hundeleben?

Aus euren Berichten (Onkel Sam freut sich immer über Nachrichten von euch) habe ich ja entnommen, dass ihr alle zu ganz lieben Menschen gekommen seid.
Das beruhigt mich natürlich sehr. Schließlich hat man als Onkel die Verpflichtung, auf seine Familie etwas zu achten. Aber ich höre ja nur gute Nachrichten und ihr seid auch alle sehr brav!
Wenn ihr glaubt, ihr seid in Afrika auf die Welt gekommen – Irrtum. Ich darf euch trösten. Ihr werdet nicht zwölf Monate im Jahr so durchgebraten. Es wird gar nicht lange dauern (aber noch lange genug) und ihr werdet froh sein, einen so prächtigen Pelz zu tragen. Und dann fallen eines Tages so ganz kleine weiße Flocken vom Himmel und dann ... ist Weihnachten.
SCHLUSS – AUS!
Ich glaube, ich kriege schon Halluzinationen und denke nur mehr an Schnee und Minusgrade.

Viele große Pfoten
von eurem »Onkel Sam«

24.07.06

Ein schöner Tag

Gestern haben wir einen Ausflug gemacht! Frauerl hat Badesachen eingepackt und sagte: »Kommt, wir gehen schwimmen!« Das schrille Menschenkind Viktoria und Fanny sind sofort voll Begeisterung ins Auto gehüpft. Ich hab getan, als würde ich schlafen, half aber nichts, Frauerl hat mich getragen!

Nicht weit von hier blieben wir stehen, ein schönes Platzerl am Bach! Frauerl, Fanny und die Kleine schmissen sich sogleich ins kühle Nass. Ich suchte mir einen schönen Platz im Schatten, um zu schlafen, aber nein, die können einen ja nicht in Ruhe lassen. Frauli hat mich in den Bach gesetzt, aber damit nicht genug, sie hat mich ins Tiefe gezogen und losgelassen, so musste ich schwimmen. Es ging erst ganz gut, aber dann hab ich irgendwie Rückenlage bekommen und sank immer weiter ab, egal wie kräftig ich auch gepaddelt hab.

Als nur noch meine Schnauze aus dem Wasser schaute, hat sie mich endlich gerettet und auf die Wiese gesetzt. Ich kann euch sagen, ich war richtig sauer und hab dafür die Badetasche ausgeräumt, alle Handtücher und Klamotten nass und schmutzig gemacht. So...

Am Abend hat Frauerl immer noch lachend meinem Herrl erzählt, dass ich ausgesehen habe wie ein nasser Pudel – sehr witzig!

Die Fanny – ich hab euch schon von ihr erzählt – die alte Hündin, tut so, als würde sich mich nicht leiden können. Ich glaub, die denkt immer noch, ich bin hier nur zur Sommerfrische. Irgendwie hab ich das Gefühl, die wartet, bis man mich wieder abholt oder so! Aber langsam wird sie ganz nett, manchmal spielt sie sogar ganz toll mit mir. Nur als ich ihr die

Fäden aus ihrem Strickknoten gezogen hab, war sie grantig – wie konnte ich auch wissen, dass der sich dann völlig auflöst?! Frauerl hat gesagt, sie soll sich nicht so anstellen, den Knoten hat sie seit Jahren nicht beachtet. Und ein Morgenmuffel ist das vielleicht!

Gestern wurde ich geschimpft! Vor der Waschmaschine liegt ein alter Teppich und wenn es brenzlig wird, hab ich halt hier mal schnell ...! Das Fleckerl saugt auch gut und man hat es ja auch nicht bemerkt – nicht gleich. Aber gestern hat der Teppich dann bei der Hitze angefangen zu riechen ... na, den Rest muss ich ja nicht weiter ausschmücken. Dabei bin ich eh so brav, wenn ich lese, was meine Geschwister alles anstellen.
Ich kann keine Speisereste verbuddeln – so viel bekomm ich hier gar nicht, da bleibt nichts für schlechte Zeiten.
Ich hab so einen Kohldampf und fress alles gleich auf. Immerhin hab ich erst zwei paar Schuhe angefressen, aber so, dass man sie noch anziehen kann, und von meinem Herrl einen Socken zu Tode geliebt (Frauerl hat ihn gleich versteckt).

Das Hundekörbchen haben sie jetzt auch verräumt – das ist ja was für Weicheier, aber meine Vorgänger waren ja auch alle Mädels.

Ja, das war's wieder mal.
Charles

25.07.06

Stellt euch vor: Mein Herrli ist weg!

Gestern kam er etwas früher heim, hat in aller Eile einen Koffer mit Klamotten angefüllt, mich noch kräftig geknuddelt und schon war er weg.
Ich hab so was ja schon gespürt, denn letzte Nacht konnte ich überhaupt nicht schlafen – mein Herrli dann natürlich auch nicht. Er hat geglaubt, ich werde krank, meine Nase war warm – aber was ein guter Hund ist, der spürt so etwas einfach!
Der Hammer waren seine letzten Worte. Hat er doch wirklich meinem Frauli zugerufen: »Und gibt dem Hund nicht zu viel zu fressen!« (Ich fass es nicht!) Dafür musste letzte Nacht sein alter Lieblingsturnschuh dran glauben! Frauli hat gegrinst und weggeschaut.

Heute waren wir wieder am Bach. An sich ja eine nette Abwechslung, aber wenn man nicht so gut drauf ist (die Hitze und Herrl kommt nicht heim ...), aber mich fragt ja keiner, ich muss mit. Und Mittagessen gab es auch erst danach, dass mein Bauch nicht so voll ist und ich nicht untergehe. Ich weiß gar nicht, was das soll, Frauli will mir unbedingt schwimmen beibringen – »ich kann schwimmen, ich mag nur nicht!«
Frauli lacht immer, wenn mir das Fell am Körper klebt, das ist ja soo witzig! Aber sonst ist sie in Ordnung! Heute hatte sie

wenigsten eine alte Scheibe Brot für mich dabei, die ich mit Viktoria teilen musste, sonst schreit die gleich wieder.

Die Badetasche allerdings wurde heute nicht ausgepackt, so hab ich mich halt draufgehauen und die Banane der Kleinen platt gedrückt.

26.07.06

Fade Zeiten!

Mir ist stinklangweilig: Mein Herrli reist irgendwo in China herum, wobei ich vermute, das kann nicht weit weg sein, denn sein Auto steht daheim. Versteh gar nicht, wo er so lange bleibt. Hoffentlich kommt er bald wieder. Bestimmt bringt er mir ein großes Leckerli mit, vielleicht kann ich dann auch mal ein Stück vergraben.

Er fehlt mir sehr – ich mag es, mit ihm am Abend durch Wald und Wiesen zu flitzen, wenn es dunkel wird und ab und zu so ein brauner, langstelziger Vierbeiner vor uns das Weite sucht, das ist halt was für Männer!

Mich wundert es, dass Fanny da so mithält und es sich nicht nehmen lässt, mit uns zu gehen. Danach ist sie meist total fertig und noch grantiger als sonst.

Wahrscheinlich, weil ihr alle Knochen wehtun, denn sie humpelt dann immer und geht so schräg. Komisch, wer versteht das Alter. Mein Herrl ist ja auch noch total jung, zumindest behauptet er das. Frauerl sagt zwar: »Nur noch sechs Monate dann gehörst du auch zum Club!« Was sie damit wohl meint?

Mark ist auch nicht da. Ach so, ich hab ja noch gar nicht von ihm erzählt. Er ist Fannys Herrl. Ich glaube, zu dieser Generation sagt man Halbstarker. Ein cooler Typ, supernett und manchmal tut er, als hätte er die Hundeweisheit mit dem Löffel gefressen! Kürzlich hat mich der Schlaumi untersucht. Ich hab gehört, wie er sagte: »Holt einer die Zange und hält den Charles fest!« Vor Angst wär ich fast gestorben. Plötzlich lagen sie über mir und ich hab mich mit aller Kraft gewehrt. War aber gar nicht so schlimm, hat nur ein bisschen gezwickt – eine Zecke wars.

28.07.06

Morgenstund hat Gold im Mund!

Meine Lieblingszeit ist fünf Uhr früh. Wenn ich wach wird, geh ich einen Stock höher und weck die Fanny auf. Dieser Morgenmuffel regt sich dann fürchterlich auf und knurrt mich ganz laut an. Zweck erfüllt!
Frauerl wird munter, springt auf, schnappt mich und trägt mich vor die Haustür. Wenn sie nun zufällig gleich in meine Pfütze steigt, verdreht sie die Augen und murmelt irgendetwas. Dann stellt sich mich vor die Tür und ich weiss dann gar nicht warum, denn ich muss ja nicht mehr! Aber es ist okay, alle sind wach.

Manchmal findet sie die Pfütze erst später, wenn sie richtig wach ist, das ist dann schon nicht mehr so lustig. Hat sie doch wirklich meine Nase in meine Pfütze gesteckt – widerlich, sag ich! Muss mir nun überlegen, wie ich das in Zukunft mache, so viele Verstecke gibt es auch nicht und das Theater jeden Morgen versaut mir den Tag.

Morgens, wenn es noch so richtig ruhig und schattig ist, sind auch die zwei fleckigen Hoppler im Garten. Morgensport ist cool. Ich jage denen so lange nach, bis sie das Schlupfloch zum großen Gehege bei den Hühnern gefunden haben. Hühner kann ich erst am Mittag jagen, die brauchen länger, bis sie fit sind, aber lustig ist das.

Wenn der Zaun nicht so hoch wäre, würde ich das Federvieh gern öfter besuchen, die haben ja Fressen satt! Die haben so viel, können sich drin wälzen und herumsteigen, kratzen und buddeln.
Aber bei mir wird gespart ohne Ende (die letzten Worte meines Herrl liegen immer noch in der Luft) und den Hennen schmeißt es die Oma nach.
Hab ich schon von Oma erzählt? Das mach ich ein andermal, für heut ist es genug.

29.07.06

Ein besonderer Ausflug …

wird das, so dachte ich mir. Frauerl und ich fahren alleine weg – schön! Ohne nörgelnde Viktoria und auch die überhebliche Fanny muss daheim bleiben. Wenn wir schwimmen gehen, gibt sie immer so an, schwimmt eine Runde um die andere, nur um mir zu zeigen, was sie schon alles kann, echt überheblich, die Alte!

Wir fuhren also los und blieben bei einem schönen Haus mit großem Garten stehen. Alles gut, nur je weiter wir zur Eingangstür kamen, umso gruseliger wurde es mir. Frauerl musste mich ziehen, so hab ich mich gesträubt. Ein eigenartiger Geruch war da. Ein freundlicher Mann machte die Türe auf und so kamen wir in einen angenehm kühlen Raum, was solls.

Der Mann ist wirklich sehr sympathisch, dachte ich. Er redet mit mir, als würde er mich schon lange kennen, hat mich gestreichelt und gekämmt, dann hat er mich auf einen Tisch gehoben und wieder gestreichelt, so ein netter Mensch.

Mein Frauerl hat ihm erzählt, dass bei mir seit der Geburt etwas nicht ganz richtig sei. Der Mann dreht mich auf den Rücken und greift mir plötzlich an meine besten Teile. Frauerl hat mich auch noch festgehalten, gut so, denn sonst hätt ich ihn eh gefressen.

Plötzlich war er nicht mehr so sympathisch, dieser Kerl, und er hat gar nicht aufgehört, mich zu begrapschen. Wenn da mein Herrl dabei gewesen wäre, der hätte ihm sicher eine geknallt.

Dann haben sie noch über mein Futter gesprochen und Frauerl musste wieder einmal petzen, dass ich nicht satt zu bekommen sei, mit meinem Becher nicht auskomme und anscheinend so schnell fresse. (nur weil die Fanny so lange braucht. Da, wo ich geboren bin, haben alle so schnell gefressen!)

Jetzt zeigt der Kerl sein wahres Gesicht, denn ganz unverhofft, während er so sprach und mir wieder an die Wäsche (bzw. ans Fell) ging, hat er eine große Nadel in meinen Nacken gesteckt und nebenbei behauptet, ich hätte genug auf den Rippen und bräuchte nicht mehr als auf der Fresspackung steht.

Wahrscheinlich streicht mir Frauerl jetzt auch noch die trockene Scheibe Brot, nicht dran zu denken. Womöglich bekomm ich nun auch keine Banane und keinen Joghurt mehr. So viele Gedanken schossen mir durch den Kopf – wirklich existentielle Auswirkungen könnte dieses Gespräch mit diesem ... haben!

Und am Ende hat ihm Frauerl auch noch Geld gegeben für diese sinnlose Beratung.

Onkel Sam hat geschrieben:

Hallo Charles!

Dein Frauchen hat aber auch jeden Tag eine neue Überraschung für dich!
Einen Tag musst du schwimmen lernen und dann noch zum Tierarzt. Ja, ja, die Tierärzte! Die sind ein eigenes Völkchen, das kann ich dir sagen. Manchmal reden die einen derartigen Blödsinn – man könnte als Hund zur Bestie werden. Alles, was schmeckt, ist prinzipiell ungesund und macht dick. Und je lieber und freundlicher die werden, umso unangenehmer ist die Behandlung.
Ich gebe dir trotzdem einen Rat: Stell dich gut mit dem Veterinär, er kann ja auch nichts dafür, dass er uns manchmal wieder reparieren muss.

Ich wurde in den Kontakt mit Doktor und Ordination ja perfekt eingeführt. In deinem Alter bin ich fast jeden Tag in der Ordi gewesen und habe meinen Kollegen nur zugeschaut. Dann wurde ich immer wieder auf den Untersuchungstisch gehoben, nur gestreichelt und mit Leckerlis verwöhnt – und dann sind wir einfach wieder gegangen. Und dann war es für mich schon Alltag in die Ordi zu gehe, und ich habe meinen Vormittagsschlaf unter dem Schreibtisch gehalten.

In den vergangenen sechs Jahren waren zwangsläufig immer wieder auch unangenehme Ordi-Besuche dabei. Aber es hat nichts daran geändert, dass ich auch heute noch freudig in die Praxis galoppiere. Wenn der Türöffner nicht schnell genug reagiert, renne ich fast durch die geschlossene Tür. Ich brauche auch keine Leine, sonst müsste ich nämlich mein Frauchen auch noch schleppen.

Bei meinen ängstlichen Freunden mache ich immer die psychische Betreuung und begleite sie. Dann fühlen sie sich doch etwas sicherer und mir macht es Spaß.
Lass also deinen Tierarzt schön grüßen und er soll sich ja anständig benehmen, sonst kommst du nämlich nur mehr in Begleitung von deinem Onkel in die Ordination.

Arm bist du aber schon – immer Hunger. Warte einfach noch etwas, dann bist du groß und kommst auch leichter auf den Tisch, da findet sich immer etwas. Oder bitte die Gäste um eine kleine Futterspende ...

Viele Pfötchen
von deinem »Onkel Sam«

Meine Schwester Mädi schreibt mir am 30.07.06

Lieber Charles!

Einen ähnlichen Ausflug machte ich mit Herrchen und Frauchen – allerdings, kein Garten und kein besonders schönes Haus waren das Ziel. Herrchen spielte wie immer Lift und trug mich durch ein langweiliges Stiegenhaus. Ein Zimmer ohne Teppich – echt ungemütlich, kann ich dir sagen. Keiner kümmerte sich um mich – behandelt man so seine Gäste? Das mit dem Geruch kann ich nur bestätigen, allerdings fand ich den spannend. Eigentlich wollte ich gleich als Erste dran, als die Tür aufging, doch dieses lange rote Ding an meinem Hals hielt mich zurück. Die Wartezeit – echt langweilig! Alle schwiegen oder flüsterten höchstens und zum einzigen Hunderl durfte ich auch nicht.
Als sich endlich was Unterhaltsames tat – da war so eine Schachtel am Schoß einer Frau, die sich immer wieder bewegte und raschelte –, durfte nur Frauchen reinschauen, ICH NICHT! Angeblich war da drin ein armes (Meer-)»Schwein«, keine Ahnung, wie so ein Ding aussieht, daher kann ich darüber nichts berichten …

Als ich endlich drankam war da kein Mann wie bei dir, sondern eine sehr liebe Frau. Es gab Leckerli und Streicheleinheiten, endlich fühlte ich mich als willkommener Gast. Auf so einen Tisch durfte ich auch, war cool, mal so »über den Dingen zu stehen«. Frauchen hat dann leider dafür gesorgt, dass es ungemütlich wurde, sie zeigte der Frau Doktor eine heikle Stelle an meiner rechten Achselseite. Dort hatte sich ein gemeiner Zeck verbissen, um dann später kopflos meinen Luxuskörper zu verlassen.

Zu dritt dokterten die an mir herum – ich kann dir sagen, echt sehr unangenehm. Herrchen nahm mich in den Schwitzkasten und Frauchen hielt mich auch verdammt fest – ich KANN das NICHT LEIDEN! Schlussendlich ließen sie mich wieder frei und ich bekam wieder ein Leckerli.
Das mit der langen Nadel kann ich nicht bestätigen, falls da was war, dann ist das an mir vorübergegangen (Anmerkung von Frauchen: Mädi wurde erfolgreich abgelenkt).
Die Frau Doktor betonte dann noch, dass es gut ist, wenn ich Futter speziell für große Rassen fresse, und gab uns vier verschiedene Säcke zum Kosten mit. So wachse ich dann nicht zu schnell, werde aber ein ebenso schöner und großer Hund wie meine Vorgängerin.

Wieder am Boden suchte ich nach einem Ausgang – leider ohne Erfolg, so musste ich meine Blase auf der Stelle entleeren. Ui, das war ein großer See. Sieht toll auf so einem spiegelblanken Boden aus, glänzt und riecht interessant. Jedenfalls wollte

Frauchen nun schnell gehen, mir war es recht, denn offenbar war die Leckerlizeit auch vorbei. Bis bald mal wieder, Charles.

Liebe Grüße von deinem Schwesterchen vom Maurerberg
Mädi

30.07.06

Mein Frauli ist glücklich,

ich glaub, ich hab den Dreh raus! Heute bin ich erst um sechs Uhr aufgestanden und hab gequietscht. Die Fanny (den Morgenmuffel) konnte ich nicht aufwecken, denn die hat man vor mir in Sicherheit gebracht, sie schläft jetzt in Marks Zimmer. Aber sonst war alles fast wie an jedem Morgen: Ich quietsche, Frauli springt auf, trägt mich runter, setzt mich vor die Tür und wartet.
Viel später ist ihr aufgefallen, dass sie heute in keine Pfütze gestiegen ist. Ja, da konnte sie schon suchen – ich hab gar keine gemacht! Schließlich waren wir gestern noch um Mitternacht draußen und meine Wasserschüssel hat sie mir ja auch verräumt, weil ich die Schüssel umgedreht habe. Dabei wollte ich nur sichergehen, ob da nicht doch was Fressbares drunter ist. Woher sollte ich eine Pfütze nehmen? Die glaubt doch nicht wirklich, dass sich so ein Kerl wie ich noch einmal die Nase in die eigene Pfütze stecken lässt – widerlich!

Dann weicht sie wie immer mein Futter an und dann kommt die schlimmste Zeit für mich – warten! Frauli kuschelt sich noch mal ins Bett und meine Zunge wird immer länger. Wenn ich es dann nicht mehr aushalte, fetze ich hoch und spring ihr ins Gesicht oder suche einen Fuß unter der Decke – irgendwas finde ich immer, denn dann ist meine erste Lieblingszeit – FRÜHSTÜCK.

Danach darf ich in den Garten – super dieses Landleben mit so einem riesigen Auslauf! Heut hab ich Mineralien gefunden, ein Traum. So was Schmackhaftes und das gibt's in großen Mengen hier. Nahrungsergänzungsmittel würden die Leute sagen, mein Frauerl sagt, es ist Hühnerkacki – was soll's, es kostet nix und da bei uns sowieso an Futter gespart wird …

Jetzt mach ich mein Schläfchen im Büro, während mein Frauerl wie wild in die Tasten haut.

Bis bald
dein Charles

30.07.06

Onkel Sam hat wieder geschrieben,

ich finde seine Berichte aus seiner Jugend und seine Ratschläge so toll, dass ich sie in meinem Tagebuch festhalten werde.

Hallo ... liebe Kinder!

Prima macht ihr das! Keiner von euch schwebt in der akuten Gefahr, einen Heiligenschein verpasst zu bekommen. Ich wollte so ein Ding auch nie haben und es ist mir auch gelungen!

Zu den ersten Schwimmübungen von Charles kann ich eines verraten:
DAS kann einem NICHT passieren, wenn man wie ich im September geboren ist.
In den Wintermonaten ist Wasser prinzipiell kompakter und wenn es dann Sommer wird, sind wir schon in einer Gewichtsklasse, wo es nur mehr mit »gut zureden« funktioniert!
Dafür haben wir »Winterhunde« den Nachteil, dass wir oft nicht wissen, wie wir unser »großes Geschäft« an den gewünschten Ort abliefern können. Da rennst du dann als kleiner Stift in einer ausgetretenen Spur und links und rechts nur hohe Schneewände.
Manchmal war ich dann richtig tollkühn und habe den Sprung ins Ungewisse gewagt. Wenn nicht die Ohren satt auf der

Schneeoberfläche aufgelegen wären, man hätte mich wahrscheinlich erst nach der Schneeschmelze wieder gefunden. Eines haben wir ganz sicher gemeinsam – unsere Besitzer kommen täglich in den Genuss eines Lachkrampfes, ob Sommer – oder Winter!

Eines muss ich euch noch gestehen, wie ich zum ersten Mal geschwommen bin:
Mein Frauchen war gar nicht daran schuld, sondern ich habe mich selbst in diese Situation gebracht.
Ich war circa neun Monate jung und mein Freund »Dan«, mit dem ich öfter gemeinsame Spaziergänge unternommen habe, ist ein Labrador. Kommen wir zu einer Stelle, wo der Bach gestaut ist und die Wassertiefe circa zwei Meter beträgt. Dans Frauchen wirft ein Holz und Dan rast im Galopp los und stürzt sich mit einem Hechtsprung ins Wasser – und ich AUCH!
Irgendwie habe ich dann doch einen Unterschied zwischen Labrador und Berner bemerkt. Dan schwimmt in ruhigen Zügen zum Holz, nimmt es auf und schwimmt ruhig zum Ufer.
Und ich? Sagen wir es einmal so – die Fische waren mir sicher sehr dankbar. So viel Sauerstoff hatten sie schon lange nicht mehr. Beide Frauchen haben sich vor lauter Lachen gar nicht mehr eingekriegt. Angeblich hätte ich einen Schwimmstil wie ein Schneebesen auf Stufe 5 gehabt. Sehr witzig!
Ich schwimme zwar heute noch, allerdings nur in einer Tiefe, wo ich mit den Pfotenspitzen noch etwas Grund erfühlen kann.

»Dan« ist übrigens noch heute mein Freund, er kann ja nichts dafür, dass er ein Labrador ist!

Berichtet mir nur immer von euren Erlebnissen – da denke ich dann immer an meine eigenen Schandtaten zurück.

Viele Pfötchen
von eurem »Onkel Sam«

30.07.06

Und schon gehts los,

die Ratschläge dieses Tierarztes werden schon befolgt! Wir waren wieder schwimmen und wie immer musste ich mit. Okay, ich hab sonst NULL Abwechslung, jetzt, wo alle Männer außer Haus sind.

Mein Herrl ist immer noch weg, deshalb bin ich stocksauer, denn er fehlt mir schon sehr. Zur Strafe mach ich meine Häufchen einfach auf den Gehweg rund ums Haus. Soll er sehen, was er davon hat, mich hier einfach allein zu lassen.
Ich bin zwar schon ein Mordskerl, aber mit vier Mädels – das ist schon ein bisschen viel!

Na, und Mark, der Schlaumi, kommt auch nur einmal die Woche heim, um mir mit der Zange durch meinen Pelz zu fahren und irgendwelche Blutsauger rauszuholen. Dabei stören mich die Kameraden gar nicht.

Aber zurück zum Badeausflug; die gleiche Zeremonie, die wir eh schon kennen. Frauli trägt mich rein in den Bach, ich schnell wieder raus und hau mich auf die Badetasche. Sie kugelt sich vor Lachen, haha. Diesmal fehlt nach der unfreiwilligen Dusche die Scheibe Brot und die einzige Banane, die Frauli eingepackt

hat, musste ich mit Viktoria teilen. Sie bekam das Innere und ich die Haut!
Dabei ist mir aufgefallen, wie gut es mir geht, die Fanny bekommt nämlich nie was, die sucht sich ein Stück Holz und kaut dran rum.

Auf den sehr privaten Bildern, die es nun endlich von mir gibt, kannst du sehen, wie ich gebadet (also halb nackig) aussehe, schau dir mal diesen »Traumbody« an!

01.08.06

Onkel Sam schreibt:

Hallo, meine Kleinen!
Mann, seid ihr aber alle brav und tapfer beim Tierarzt! Seeehr brav – eben richtige Berner!

Mein Frauchen war heute auch bei einem Tierarzt, bei einer Frau Doktor, weil mein Vetifant auf Urlaub ist. Aber nicht meinetwegen (ich bin gesund, »Holzklopf«), aber mein alter Freund und Haudegen »Flocki« hat offensichtlich einen Darmverschluss. Mit seinen 16 Jahren ist das keine Kleinigkeit. Wenn es kühler gewesen wäre, dann hätte ich ihn ja begleitet, aber so hat sich Frauchen alleine auf den Weg gemacht und den Krankentransport zum Tierarzt übernommen. Sein Frauchen ist natürlich mit den Nerven am Boden und da tut etwas Trost immer gut.

Sie mussten ihn schweren Herzens zurücklassen und jetzt warten wir auf einen erlösenden Telefonanruf. Frauchen hat mir gesagt, dass sie kein sehr gutes Gefühl hat.

Aber, die Hoffnung stirbt zuletzt und ich halte ihm alle meine Pfoten.

Jeden Sonntagmorgen haben wir unseren Spaziergang gemeinsam unternommen.
Und so soll es auch bleiben – BITTE!

Viele Pfötchen
von eurem – heute etwas traurigen – Onkel Sam

Das muss ich nun meinem Onkel Sam erzählen ...

von wegen ich könnte die Gäste um eine Futterspende bitten. Heut war ich auf der Terrasse, du kannst dir ja vorstellen, mit meinem Charme und meinem Charisma zog ich sofort alle Blicke auf mich – die Damenwelt ist grad so dahingeschmolzen (es war schon schattig, also nicht, dass du glaubst, es war die Hitze). Alle zarten Finger sogleich auf meinem Fell, mmmhhhh ... (Wenn das mein Herrl gesehen hätte).
Doch plötzlich, kurz bevor der erste Leckerbissen in meine Reichweite kam, kam auch Walter und verjagt mich sofort. Hab ich schon von ihm erzählt? Er hat immer so was Glänzendes auf seinem Haupt.

Da, wo ich geboren bin, hatten wir auch so einen, etwas kleiner zwar und voller Federn, aber der hatte auch so was auf dem Schädel, er war der Chef von den Hühnern. Dieser Walter nennt sich »Kellner« – keine Ahnung, was das genau ist. Jedenfalls transportiert er Essbares von A nach B. Leider äußerst erfolgreich, da fällt nie was runter. Ich hab mir schon überlegt, ob ich ihm nicht »rein zufällig« mal vor die Füße hupfen soll! Wenn ich es richtig anstelle und er strauchelt (meinetwegen fliegt er auch hin), dann könnte doch theoretisch was vom Teller fliegen, direkt in mein Maul – ein Traum.

Na, auf jeden Fall liegt's auf der Hand, der Typ ist nur neidisch, weil mir die Damenwelt zu Pfoten liegt, sobald ich irgendwo aufkreuze!

Große Entdeckungstour

Heut hab ich mir die Gegend um mein Heim mal etwas genauer betrachtet und alles gründlich erschnüffelt. Da gibt es einen Gartenteil, der nicht besonders gepflegt ist, man sieht es kaum, weil eine große Hecke davor ist. Dann gibt es riesige Stämme, ganz viel Blattwerk, eine Menge Erdhaufen, einen alten Misthaufen, Löcher und Pfützen, einfach alles, was ein Hundebaby begehrt. Und da ist richtig was los.

Ganz vorsichtig pirsch ich mich hier an dem Grünzeug vorbei, alles ist viel höher als ich und etwas düster ist es auch, weil die Sonne gar nicht durch das große Blattwerk kommt. Hier treffen sich bestimmt die Nachbarkatzen, an jedem Baum ist eine andere Duftmarke.

… so seh ich aus, wenn ich heimkomme

Sportprogramm

Ich bin mir nicht ganz sicher, ob die Hühner wirklich so doof sind und immer fixer werden, was unseren Sprint über den Parkplatz betrifft, oder ob mein Herrli während seiner Abwesenheit für mich ein Fitnessprogramm in Auftrag gegeben hat. Ich vermute Ersteres, weil die sich von sich aus als Team zusammengetan haben und mich abwechselnd auszutricksen versuchen.

Allein wenn sie mich sehen, fängt eine provokant an zu gackern. Klar, da muss ich hinterher, schließlich bin ich hier der Hundeherr am Hof, da die Fanny das alles nicht berührt. Also, ich hinter der Henne über Parkplatz und Blumenbeet und wieder zurück. Zeitweise fliegen die Biester sogar ein Stück, was natürlich äußerst unsportlich ist. Kaum hüpft die Geschlauchte über den Zaun, krächzt am oberen Ende des Geheges eine andere heraus und fordert mich erneut auf, ihr nachzuflitzen. Das spielen die zwei- oder dreimal und dann hängt auch mein Schlapper zu Boden – eh klar.

Ein schwerer Verdacht

Unsere Gäste aus den Bungalows bekommen ihre Semmeln in einem Sackerl geliefert. Entweder mein Frauli oder die Oma hängt das Gebäck an die Tür. Gestern brachte ein Gast das zerfetzte Sackerl zurück und meinte, die Semmeln seien alle angebissen.

Na super! Jetzt kannst dir ja vorstellen, wohin sofort alle Blicke fielen. So schnell konnte ich gar nicht Luft holen, schon wurde ich als Dieb abgestempelt. Mein Frauli entschuldigte sich mit den Worten: »Unser Charles ist noch sehr jung und dumm« – der Tag war gelaufen, danke!

Heute kam der Gast wieder an und erzählte, dass er die Semmeln retten konnte.
Puh, es waren die Zwergkaninchen, die ihre tägliche Ration erhöhten. Zwergkaninchen, da muss ich aber lachen, diese fleckigen Hoppler sehen schon aus wie kleine Schweine, kein Wunder, dass das Fell schon rundherum spannt!

Aber jetzt war die Rehabilitation meines guten Rufes fällig: Ich sah dieses schon in Form von vielen Leckerbissen wie Schweinsohren, Kaustangerl und Kräcker auf mich zukommen, dass mir das Wasser im Maul zusammenlief, hhhmmm.

Was ich nun hörte, konnte ich kaum fassen, mein Frauli meinte: »Na so was und wir waren uns sicher, der Charles war's.«

Onkel Sam spendet Trost …

Lieber Charles,
es muss jetzt einfach einmal gesagt werden: DU HAST ES WIRKLICH NICHT LEICHT!

Gäste im Haus – alles recht schön und gut. Aber die verpetzen dich alle nur und keiner teilt sein Frühstückssemmerl mit dir oder hilft bei der Hühnerjagd.
Tja, das erste Jahr ist hart. Da nimmt einen keiner Ernst. Aber sei versichert, das ändert sich.

Hätte jetzt noch einen heißen Tipp für dich: Ab sofort kannst du ruhig an den Semmeln naschen – jeder wird den kleinen »Schweinehasen« die Schuld geben. Mir kommt es schon so vor, deine zahlreichen Mitbewohner treiben ein böses Spiel mit dir nach dem Motto: »Jetzt können wir Unfug treiben, es war eh der Charles!«

Bin schon neugierig, was noch alles passieren wird, und halte dir jedenfalls alle Pfötchen,

dein »SAM«

Lernstunde

Bei uns vor dem Haus ist ein schöner Obstgarten, da gehen wir manchmal hin, die Fanny und ich. Die Fanny buddelt da öfter herum. Heute hab ich ihr mal genau zugeschaut, wie sie das macht, und heute hab ich auch kapiert, warum sie das macht.
Also, zuerst steigt sie mal eine Weile auf der Wiese herum und spürt so in den Boden hinein und dann plötzlich stürzt sie sich auf den Boden und fängt blitzschnell an zu graben. Sie legt da einen Gang frei, steckt ihre Nase ganz tief hinein, bläst hinein, schnauft tief ein und horcht – aufregend ist das. Dieses Prozedere wiederholt sie einige Male und manchmal hüpft sie ganz schnell an eine andere Stelle, um das Ganze zu wiederholen.
Heute plötzlich ein kurzer Quietscher, den ich noch nie gehört habe, Fanny macht eine hektische Bewegung und hat auch schon so ein graues Fellbündel im Maul – total aufregend.
Sie zeigte mir das Viecherl ganz stolz. Dann lässt sie es frei und ich denk schon, das ist aber ein feiner Zug von ihr, denkste, kaum ist das Fellbündel einen Meter weit weg, hüpft sie hinterher und macht das Ding fast platt, schnappt es, schmeißt es in die Luft und lässt es zu Boden fallen. Erst mal Ruhe, dann fangen die kurzen Beinchen an zu zappeln, das Viecherl richtet sich auf und torkelt wieder davon. Diesmal ein großes Stück weiter, es wähnt sich wohl schon in Sicherheit, die Fanny geht ihr nun ganz langsam hinterher, kann sie leicht, das Ding ist ohnehin fertig mit der Welt. Vielleicht will sie auch mir die

Gelegenheit geben die Geschichte ausreichend zu beobachten. Doch dann schnappt sie es ein weiteres Mal – und aus Maus. Später, wie wir heimkommen, sagt mein Frauli: »brave Fanny, hast a Mauserl gfangen!«
Was lernte ich nun daraus? Dass das Fellbündel eine Maus war, dass man dafür gelobt wird, wenn man sie quält und platt macht – einerseits! Andererseits nämlich wieder nicht, weil die Fanny war ja so was von dreckig, der halbe Acker auf ihrem Fell. So durfte sie natürlich nicht ins Haus. Frauli kommt mit drei nassen Putzfetzen (ich kenn die Dinger schon, die schmeißt sie mir jeden Morgen hinterher, wenn sie meine Pfütze aufgeputzt hat) und wischt ihr den Rücken und den Bauch ab, auch die Beine und zwischen den Ballen bei den Pfoten klebt der Letten besonders fest, aber die Fanny hält still, bestimmt haben die das schon öfter gemacht.

Onkel Sam schreibt

Lieber Charles!
Und was hast du daraus gelernt?
Dass man kleine Tiere mit Fell plättet und kleine Tiere mit Federn pflegt!
So einfach ist das!

Ich vermute ja stark, dssß dein Frauchen heimlich auf einen Mausmantel hinarbeitet, deswegen nimmt sie auch eine erdige Fanny in Kauf. Schließlich fliegen ihr die nassen Fetzen nicht um die Ohren – dir aber sehr wohl, weil man deine Pfützchen in keiner Weise nutzen kann.

Bezüglich Jagdtechnik kann ich dir absolut keine weisen Ratschläge erteilen. Dieses Metier liegt mir nämlich überhaupt nicht. Das wissen auch unsere Wildenten im Park. Die bleiben einfach liegen und hegen keinerlei Fluchtgedanken, wenn ich an ihnen vorübertrabe.

Manchmal wird mein mickriger Jagdinstinkt aber auch schon fast peinlich. Besonders arg ist es, wenn die Krähen ihre Kinder beschützen. Einmal hat mir so eine aufgeregte Mama im Tiefflug fast einen Scheitel gezogen. Da hat sich mein Frauchen aber auch ganz schön erschreckt, der Angriff kam nämlich von hinten. Und dann haben wir den noch flugunfähigen Jungvogel

im hohen Gras marschieren sehen. Nachdem dann schon sämtliche Tanten, Onkel, Omas und Opas sich auf den Bäumen gesammelt und ein Kampfgeschrei angestimmt hatten, haben wir den Rückzug angetreten.
Da sind eine Maus oder ein Huhn schon wesentlich gesünder!
Gestern war ich wieder bei meinem Tierarzt zu Besuch. Irgendwie ist das dort immer ganz eigenartig. Da ist eine Katze – putzmunter. Dann wird sie gestreichelt – und ist leblos. Ich habe sie abgeschleckt und geputzt (währenddessen wurden ihre Zähne vom Herrn Doktor bearbeitet) und sämtliche Wiederbelebungsversuche unternommen. Was soll ich dir sagen – ich habe es geschafft. Sie lebt!

Hoffentlich weiß mein Tierarzt diese Leistung auch wirklich zu schätzen. Mein Frauchen ist allerdings der Meinung, dass sich die Katze jetzt stundenlang putzen wird, um diesen unerklärlichen Hundegeruch aus dem Fell zu kriegen.
Das kann schon sein, aber ich kann leider nicht anders. Wenn mir die Möglichkeit geboten wird, dann betreue ich alle Narkosepatienten und versuche sie wieder auf die Beine zu kriegen. So mancher kleine Patient hat sich schon in mein Fell verkrochen und Trost gesucht. Den kann er von mir immer haben.

Viele Pfötchen und »Weidmannsheil«, dein »SAM«

Die Geschichte mit der Scheibtruhe (Schubkarren) oder Opa war im Wald

Gestern Abend sah ich den Opa ganz anders gekleidet als sonst aus dem Haus gehen. Eine grüne Hose, einen Umhang und einen Stutzen hat er mitgenommen. Ob er spät noch heimkam, das weiß ich gar nicht.
Heute Morgen auf jeden Fall liegt ein Duft in der Luft, das muss ich erst mal analysieren: Erde, Haare, Fell, Wald, Bäume und Blut, uups, es riecht nach Blut.
Ganz aufgeregt folge ich dem Geruch und lande hinter Opas Auto. Ja, genau, da ist der Geruch ganz stark, aber die Heckklappe ist zu.

Apropos Heckklappe die kann ich mir bei der Gelegenheit gleich genau betrachten, denn die hat mein Frauli oder die Oma geschrottet.
Hab ich schon von der Oma erzählt?!
Mit ihr könnten wir zwar ein eigenes Buch füllen, aber ein, zwei Kapitel kann ich ihr hier schon widmen. Die Oma sah ich so die ersten Monate, in denen ich nun bei meiner Familie wohne, nur am Ende dieser grünen Schlange stehen, die sich über das ganze Gelände schlängelt. Wie schon gesagt, da, wo das Wasser herauskommt, steht die Oma und fuchtelt damit herum. Blumen, Grünzeug, Bäume, Terrasse, Parkplatz, alles wird täglich einige Stunden nass gespritzt. Herrli verdreht immer

die Augen, wenn er das sieht. Da bis jetzt ja immer die Sonne schien, dachte ich, okay das ist Omas Job. Aber weit gefehlt, denn vor einigen Tagen hat es ja den ganzen Tag geschüttet wie aus Eimern. Die Oma hat ihre Schlange nicht ausgefahren, aber dafür ihren großen Filzhut, der ihr bis zur Nase runterrutscht, aufgesetzt und die Scheibtruhe aus dem Schuppen geholt. Mit der ist sie dann im strömenden Regen herumgekurvt und hat Grünzeug von A nach B gefahren und verpflanzt. Keiner weiß recht, warum, denn erst wenige Wochen davor wurde dasselbe Grünzeug von dem einen Erdloch in Loch B gepflanzt. Aber keiner außer mir scheint hier Notiz davon zu nehmen oder gar was zu sagen.
Zur Mittagszeit, es goss immer noch, ging sie also essen und hat ihre Truhe direkt hinter Opas Auto geparkt. Jetzt muss ich aber schon sagen, dass wir Parkfläche genug hätten, auch für Scheibtruhen.
Es kommt nun, wie es kommen musste …
Mein Frauli hat noch schnell das Essen serviert für die Oldies, dann ist sie losgehetzt, die Viktoria vom »Kindi« zu holen, wieder mal etwas knapp in der Zeit – es goss immer noch – rein in Opas Auto da war der Kindersitz drin, Tür zugeknallt, gestartet und schon hat's gekracht! die Truhe schob sich mit einem heftigen Ruck die Heckklappe hoch und hinterließ neben einer Beule auch noch einen bzw. mehrere breite Kratzer.
Frauli spuckte das SCH-Wort aus. Oma kam an, um den Schaden fachmännisch zu begutachten und meinte nur: »Deswegen

ist ja das Auto nicht hin«, setzte sich wieder den Hut auf, schnappte sich ihre Truhe und zog ihrer Wege!
Dazu sein angemerkt: Oma ist Zeitlebens Beifahrerin und »Schubkarrenlenkerin« – wie kürzlich ein Sommerfrischler spottete.

Also vor dieser Heckklappe stehe ich nun und bin ein bisschen ratlos, wie sollte ich nun zu mehr Informationen kommen, was Opas Trip in den Wald betrifft. Doch plötzlich konnte ich wieder eine Fährte wittern und der schlich ich sofort nach in Richtung Garage. Und da steht es! Eine schwarze, große Plastikwanne, aus der vier Beine rausstehen, komisch sah das aus. Langsam und äußerst vorsichtig näherte ich mich dem Teil und beschnupperte erst mal den Bottich. Einmal umrundet musste ich einen Blick nach innen wagen und – hhhuch, zwei große weiße Augen schauten mich an und noch größere Nasenlöcher dazu.
Aber gerührt hat es sich nicht, also konnte auch keine Gefahr davon ausgehen und so fasste ich allen Mut zusammen und näherte mich ein weiteres Mal, um das Ganze zu beschnuppern. Ja, die Gerüche waren alle da, Erde, Wald, Haare und Blut. Kaum war ich so weit dass ich mich traute, ES auch abzuschlecken, kam Opa um die Ecke gebogen und sagte: »Aus! Lass das Reh, Charles«. Aahh, dieses Ding ist ein Reh, besser war ein Reh, einige davon seh ich manchmal, wenn ich mit Herrli die Gegend abspurte.

07.08.06

Mein Herrli kommt heim

Wenn mein Gefühl mich nicht täuscht, dann kommt mein Herrli heim. Irgendwie liegts in der Luft. Ich hab letzte Nacht schon nicht geschlafen.

Außerdem wird der Kühlschrank angefüllt. Frauli hat eine Menge Joghurt gekauft, nicht das Übliche für Viktoria und mich, nein, das mit wenig Fett (mein Alter ist doch so auf seine Figur bedacht), dann dieses Brot mit den Körnern, die kleinen braunen Flaschen und auch der Weinvorrat ist aufgestockt. Entweder wir schmeißen eine Riesenparty oder mein Herrli kommt heim. Was ein richtiger Hund ist, der spürt so etwas.

Ich weiß noch nicht recht, wie ich mich verhalten werde, ich glaub, ich lass es einfach mal auf mich zukommen.

Einerseits freu ich mich riesig (wenn er daheim ist dann ist einfach alles anders, allein die abendlichen Spaziergänge, aber auch die Familie sitzt dann länger zusammen und es ist richtig gemütlich), andererseits sollte ich ihn eigentlich mit Missachtung strafen, aber wenn er mir dann ein besonderes Leckerli mitbringt, werde ich sicher schwach.

09.08.2006

Endlich daheim!

Ich hatte es richtig in der Nase. Gestern spät kam noch ein Auto und sogar die Fanny hat sich noch aufgerafft. Obwohl sie sich ja normalerweise um diese Uhrzeit nicht mehr von ihrem Fleck wegbewegt. Die Tür geht auf und da steht ER mit großem Gepäck, mein Herrl. Ich musste ihn sogleich ganz überschwänglich begrüßen. Er nahm mich auf den Arm, das macht sonst niemand und so konnte ich ihn abknutschen und ins Ohr zwicken. Die Fanny musste er auch streicheln und dann hat er seinen Rucksack aufgemacht und ein Sackerl mit Leckerlis rausgeholt – so was Tolles hatte ich noch nie. Wow! Schmecken die klasse, knusprig und zäh zugleich, einfach super! (aber zum Vergraben blieb wieder nichts übrig.)
Heute in der Früh haben wir gleich unseren langen Spaziergang gemacht. Jetzt hab ich erst gemerkt, wie sehr er mir gefehlt hat. Ich erlebe schon einiges so die Woche über, aber Herrli und ich, wir sind schon ein tolles Team. Wenn die Mädels da sind, ist es auch okay, aber es wird halt ständig gequatscht oder genörgelt. Wenn wir allein sind, herrscht Ruhe, da zählt nur Bewegung, mein Herrl »will Meter machen«, wie er sagt, und nicht quatschen.

Nächtlicher Spaziergang

Mein Herrl kam sehr spät nach Hause gestern und brauchte dann noch Luft. Ich war sehr froh darüber, weil ich ohnehin noch nicht müde war. Die Fanny war auch gleich dabei und sogar Frauli ging noch mit. Frauli jammerte zwar ein bisschen, dass es schon sehr kalt ist, aber mit dem dicken Winterpulli ging es gut. Wir gingen zuerst so die übliche Strecke an der Straße und dann unten an der Brücke schlug mein Herrl den Weg den Bach entlang ein. Da ist ein gut sichtbarer Trampelpfad, den wir trotz Dunkelheit gut sehen konnten.

Hier dürften täglich einige Hunde mit ihrem Herrl entlanglaufen, die Fanny hat mir gezeigt, wie man Hundetageszeitung liest. Sie setzt ihre Nase ziemlich tief an und geht in gleichmäßigen Schritten den Weg entlang. Wenn's richtig interessant wird, bleibt sie stehen und schnüffelt genauer. Jetzt weiß ich auch, dass der dicke Nachbarhund, der immer im Garten eingesperrt ist, heute schon da war, und die Frau mit den drei Ratten (so nennt sie mein Frauli, ich glaub aber schon, dass es Hunde sind) ging erst kürzlich durch. Wirklich interessant so eine Tageszeitung.
Dann führte uns der Weg in ein Waldstück. Und da wurde es richtig gefährlich. Ich konnte gar nichts mehr sehen, der Schotterweg war zu Ende, also hatten wir auch keinen hellen Streifen mehr, an dem wir uns orientieren konnten. Mein Frauli schnapp-

te mich und nahm mich auf den Arm. Ich war sehr froh darüber, denn da hatte ich schon Angst. Hier führt der Weg auch ganz knapp am Bach entlang und durch das tosende Rauschen hätte niemand das Plumpsen gehört, wenn ich reingefallen wäre. Mein Herrl ging hinter uns und ich hörte, wie er sagte, wenn er so den ganzen Tag am Computer sitzt sieht er sowieso schlecht. Mein Frauli konnte einigermaßen sehen und so kamen wir auch gut und ohne Zwischenfälle aus dem Wald hinaus. Frauli hat mich dann auf sicherer Wiese abgesetzt und ich schaute mich gleich nach der Fanny um, aber da kam sie auch schon aus dem Wald heraus.
Mei, war ich froh, ich hab sie auch gleich freudig begrüßt. Fanny hat mir erklärt, dass sie damit gar keine Probleme hat, sie ist von Geburt an fast blind und somit hat sich für sie in der Dunkelheit nichts verändert. Vielleicht kann sie deshalb so gut Zeitung lesen. Jetzt wird mir auch klar, warum die Fanny immer Abstand hält zu fremden Leuten, und wenn sich jemand zu schnell nähert, dann knurrt sie sofort. Ich dachte mir immer, sie ist einfach unfreundlich und grantig, dabei ist sie ängstlich und vorsichtig, weil sie so wenig sieht.

Zu Hause angekommen machten wir noch ein Feuer im Feuerkorb auf der Terrasse, wir bekamen je eines von diesen traumhaften Leckerlis, die mein Herrl von der Reise mitgebracht hatte, und für ihn und Frauli gab's ein Gläschen Wein. Fanny und ich stritten uns noch ein wenig um ihren alten Gummiball, den sie (so wie Frauli sagt) auch Jahre nicht beachtet hat, und dann schlief ich Hundemüde gleich neben dem Feuer ein, vor dem ich nun auch keine Angst mehr habe. Ein wunderschöner Ausklang eines ereignisreichen Tages.

Fannys Geschichten aus ihrer Jugend

Die Fanny hat mich mittlerweile richtig lieb gewonnen, das kann ich spüren, sie spielt auch oft ganz toll mit mir. Jetzt darf ich sie auch ins Fell und in die Lefzen zwicken, so wie ich es bei meiner Mama gemacht habe, das tut mir richtig gut, ich bin glücklich, dass sie da ist. Seit kurzer Zeit redet sie mit mir, wenn wir beide alleine sind. Manchmal erzählt sie mir aus ihrer Jugend, da lausche ich dann ganz aufmerksam.

Sie erinnert sich auch an die Zeit, wo sie ein Baby war wie ich, da gab es auch eine alte Hündin, »die Daisy«, sie war Fraulis Liebling. Sie sagt, wenn Frauli über Daisy spricht, sagt sie immer, das war eine wunderbare Seele.

Die Daisy hat sie damals sofort angenommen wie ihren eigenen Welpen, sie war erst acht Wochen alt, als sie von ihrer Mutter wegging. Die Fanny hatte zwölf Geschwister und eine ganz junge Mutter, die einfach mit den vielen Welpen nicht klarkam und so passte es gut, dass die Daisy sie so lieb hatte.

Vielleicht war sie auch so willkommen, weil die Daisy zwei Jahre zuvor ein einziges Baby bekam, und das war leider tot. Frauli sagt, als sie ihr den Welpen wegnehmen musste, hatte sie ganz dicke Tränen in den Augen und sie hat sehr lange getrauert. Es war das einzige Mal, dass es Nachwuchs gab, und so war es für alle eine große Enttäuschung.

Daisy hatte einen tollen Schlafplatz mit einem großen Federbett, der Bezug wurde regelmäßig gewaschen, sie mochte es so, wenn er frisch nach Weichspüler roch. Fanny mochte den Bezug auch, nur sie war sehr stürmisch und musste überall hineinbeißen.

Und so kam es, wie es kommen musste, eines Morgens stand Frauli auf und dachte, sie hat einen Schleier vor Augen – sie sah nicht wie gewöhnlich zwei schwarze Hunde liegen, sondern zwei weiße. Sie rieb sich die Augen und ging erst mal ins Bad, aber als sie wieder herauskam, waren die beiden immer noch weiß gesprenkelt. Bei genauerem Betrachten sah sie, dass die Hunde voller Federn waren. Das ganze Federbett war leer und nicht nur auf den Hunden verteilt.

Von diesem Tag an schliefen die Hunde getrennt, Daisy bekam wieder ein neues Federbett und Fanny einen Teppich.

Von der Daisy hat sie gelernt,

wie man Mäuse fängt. Die Daisy war angeblich in dieser Sportart (der einzige Sport überhaupt) besser als jede Katze. Aber Ärger gab's auch, denn die hat auch im Keller (im Weinkeller) Mäuse gefangen und dabei sind halt ein paar Flaschen zu Bruch gegangen. Da kannte auch Frauli mit ihrem Lieblingshund kein Pardon, es gab immer einen Satz warme Ohren und ein Donnerwetter obendrein.

Um noch mal auf den Sport zurückzukommen. Angeblich wäre die Daisy beinah mal ertrunken. Es ist ja bekannt, dass Rottweiler nicht die tollen Schwimmer sind. Erst im Alter von drei Jahren war sie überhaupt mal ins nasse Element zu kriegen und dann auch nur, wenn man die Gelegenheit beim Schopf packte und Stockerl schmiss. Frauli hat aber immer mit Adleraugen drauf geachtet, dass es nicht zu weit, nicht zu tief und nicht zu oft war.
Einmal hat der Mark (er war noch klein und hatte auch Narrenfreiheit bei dem Rotti) – die Familie machte eine Wanderung um einen kalten Bergsee – auch Stocki gschmissn. Frauli dachte noch beim fünften Mal so, aber dann ist es genug. Daisy sprang also noch mal ins Wasser, schwamm ein Stück raus und hielt plötzlich an, Frauli fing schon an sich auszuziehen, um ihr jederzeit zu Hilfe kommen zu können, sie schrie und munterte sie auf umzukehren und noch mal alle Kräfte zu sammeln, um

den Weg aus dem Wasser zu schaffen. Daisy überlegte noch mal, ob sie das Stocki mitnehmen sollte, aber ihr Frauli schrie so, dass sie doch eine Wende machte. Als sie nur noch wenige Meter vom Ufer entfernt war, verschwand ihr Kopf auch noch im Wasser, aber es war schon sehr seicht und so konnte sie sich noch rausschleppen und Frauli kam ihr zu Hilfe und zog sie das letzte Stück raus.

Muss eine arge Szene gewesen sein, weil alle es noch so genau erzählen konnten, das die Fanny es drin hat als wäre sie dabei gewesen.

Mäusefangen blieb also der einzige Sport, den sie regelmäßig betrieb, und da war sie unschlagbar. Fanny sagt, sie weiß nicht, wie sie es angestellt hat, aber sie kam nie schmutzig nach Hause. Auch wenn sie noch so im Dreck oder Mausloch steckte, bis zu Hause war der Schmutz weg.

13.08.06

Wir waren am Berg

Es ist Sonntag und mein Herrl sagt beim Frühstück, er will auf einen Berg gehen, er nimmt die Hunde mit.

Super Neuigkeit, denk ich mir, auf einen Berg, welchen wird er wohl meinen, da, wo wir sonst hingehen, wenn wir am Abend noch losmarschieren, oder die andere Seite, die wir manchmal vor dem Frühstück gehen, egal, Hauptsache Aktion!

Nach dem Frühstück hat er seine schweren Schuhe angezogen, für mich und Fanny eine Minijause, die Halsbänder und die Leinen eingepackt, für ihn eine Trinkflasche und schon war Abfahrt.

Er hat sich für einen nahe gelegenen Berg entschieden, den wir auch von zu Hause aus gut sehen können, nur je näher wir mit dem Auto in die Richtung fuhren, umso größer wurde der Felsbrocken. Als wir dann da waren, bekam ich schon fast Genickstarre, so hoch war das Teil. Aber was ein richtiger Bub ist, den haut nichts um und so trappelte ich halt hinter meinem Herrl her. Die Fanny – kaum zu glauben, zu Hause humpelte sie noch zum Auto – jetzt ist sie immer Meilen vor uns und scheint auch kein bisschen müde zu werden. Ich spür schon keinen Ballen mehr unter meinen Pfoten und auch die Muskeln haben sich bereits verabschiedet.

Bei jeder Pfütze bleib ich stehen und setz mich rein in der Hoffnung, dass mein Alter irgendwann Erbarmen zeigt und mich trägt. Aber der weiß ja gar nicht wie man »Erbarmen« schreibt. Mein Frauli hat schon recht, manchmal ist er wirklich ein Eisberg, sind richtige Männer so?

Nach beinah zwei Stunden waren wir endlich auf einer Höhe angelangt, wo es wieder nach Zivilisation aussah, ein Haus oder eine Hütte und einige Menschen, mit Hut und Stöcken und Gepäck auf dem Rücken – Wanderer, sagte mein Herrl.
Und riesige Tiere mit Hörnern auf dem Kopf waren da auch zu sehen. Jetzt wusste ich auch, wo das Gebimmel herkam, das ich, schon lange bevor wir auf die Anhöhe kamen, gehört hatte. Von den riesigen Tieren hatten einige große Glocken um den Hals und machten bei jedem Schritt Lärm.
Als wir näher kamen, blieben alle stehen und starrten uns an. Ich hab mich gleich bei der Fanny verschanzt, gefährlich schauten die aus und sie kauten ständig auf was rum, als hätten sie eh grad so einen wie mich verspeist. Als wir kurz stehen blieben, mein Herrl musste sich orientieren, gingen zwei von den ganz Großen in unsere Richtung. Da blieb mir fast das Herz stehen, die Fanny schaute gar nicht hin und ging ruhig weiter, mein Herrl auch und ich hätte beinah den Anschluss verpasst. Puhh, ich sah mich schon als Nachspeise von diesen Monstern am Speiseplan. Die Szene »Fanny – Maus ging mir durch den Kopf, der Größenunterschied dürfte etwa hinkommen. Womöglich haben die auch ein Frauli zu Hause das dann sagt: »Brav, Muli, hast a Hundi gfangen!«

Mein Herrl, wie immer unbeeindruckt von meinen Sorgen, machte sich weiter auf den Weg. Erst an einem Minisee blieben wir wieder stehen bzw. machten Rast. Es gab die kleine Jause für uns Hunde und wir konnten uns im Wasser abkühlen. Die Fanny musste wieder übertreiben und ein Stück schwimmen, mir genügten nasse Pfoten und Bauch, auch dieses Stöckchengeschmeiße lässt mich kalt. Ich genoss die Ruhe und merkte langsam, wie ich wieder meine Ballen unter den Pfoten spürte. Doch kaum hatte ich mich erholt und konnte wieder ruhiger atmen, packte unser Bergsteiger seine Siebensachen und trat den Rückweg an. Von nun an ging's bergab, pahh! Das geht in die Knochen. Jetzt merkte ich, dass auch die Fanny endlich an ihre Grenzen kommt, jetzt geht nämlich sie hinter uns. Für den Abstieg brauchten wir nicht ganz so lange, dafür alles in einem durch, das Wetter war immer noch perfekt, angenehm kühl, weil meist im Wald, was echt fein war. Unten angekommen, hinein ins Auto und heim. Zu Hause wartet schon der große Fressnapf für uns Hunde und ein frisch Gezapftes für unseren Alpinisten. Ich schaute mir von Weitem nochmals diesen gesprenkelten Felsbrocken an und schlief auch gleich fest ein.

14.08.06

Heute hat mein Frauli eine Geschichte aus der Tageszeitung vorgelesen, die mich sehr beschäftigt:

»Ich hatte die lieb«

Am Morgen bist du sehr früh aufgestanden und hast die Koffer gepackt. Du nahmst meine Leine, was war ich glücklich! Noch ein kleiner Spaziergang vor dem Urlaub – hurra! Wir fuhren mit dem Wagen und du hast am Straßenrand gehalten. Die Tür ging auf und du hast einen Stock geworfen. Ich lief und lief, bis ich den Stock gefunden und zwischen meinen Zähnen hatte, um ihn dir zu bringen. Als ich zurückkam, warst du nicht mehr da! In Panik bin ich in alle Richtungen gelaufen, um dich zu finden, aber ich wurde immer schwächer. Ich hatte Angst und großen Hunger. Ein fremder Mann kam, legte mir ein Halsband um und nahm mich mit. Bald befand ich mich in einem Käfig und wartete dort auf deine Rückkehr, aber du bist nicht gekommen.
Dann wurde mein Käfig geöffnet, nein, du warst es nicht – es war der Mann, der mich gefunden hatte. Er brachte mich in einen Raum, es roch nach Tod!
Meine Stunde war wohl gekommen! Mein geliebtes Herrchen, ich will, dass du weißt, dass ich mich trotz allen Leides, das du mir angetan hast, immer noch an dein Bild erinnere. Und falls ich noch mal auf die Erde zurückkommen könnte – ich würde auf dich zulaufen, denn ich hatte dich lieb!

Diese Geschichte stammt aus einer belgischen Zeitung mit der Bitte, sie zu verbreiten. Wenn auch nur ein einziger Hund vor so einem Schicksal bewahrt wird, ist schon viel gewonnen.

Ich habe aufmerksam zugehört und bin ganz entsetzt, es geht wohl nicht allen Hunden so gut wie Fanny und mir, meinen Geschwistern, Onkel Sam und allen die ich so kenne?!

Charles

Onkel Sam schreibt, er hat ein Mädel kennengelernt ...

Hallo Freunde!

Heute war ich wieder beim Tierarzt, nur so, schauen, ob er wohl alles richtig macht und Neuigkeiten erschnüffeln (und Leckerli absammeln).
Dort habe ich dann auch »Amelie« kennengelernt. Eine Bernerin, auch gerade sechs Jahre alt und auch aus Kärnten. Leider hat sie große Probleme mit ihrem Knie gehabt und ist vor drei Wochen operiert worden. Jetzt hatscht sie zwar noch etwas, aber sie ist ausgesprochen »gut drauf«.
Mann, hab ich mich aber ins Zeug geschmissen. Mein liebstes Gesicht habe ich aufgesetzt und gewedelt hab ich ... ich bin fast aus der Kurve geflogen. Und dann hat sie noch ein großes Plus – sie ist etwas mollig. Ich steh ja irgendwie auf die barocken Typen. Und wisst ihr was? Sie hat mich geküsst!

Heute werde ich wohl angenehme Träume haben.
Sanfte Augen, weiche Kussschnauze und wohlgeformtes Heck ...
Ich gehe jetzt schlafen und werde von meinem Engel träumen.

Gute Nacht
euer »SAM«

15.08.06

Eine super Wanderung

Sonntagnachmittag: Endlich kommt die lang ersehnte Sonne raus und sogleich beschließt mein Herrl, wir gehen auf den Berg. Die Freude meinerseits ist groß und doch kommt mir auch wieder dieser Felsbrocken in den Sinn, den wir erst kürzlich bezwungen haben. Mit einem schrägen Blick hab ich ihn gestraft, da drüben steht er immer noch, der Riese, und meine Ballen fangen schon wieder an zu zittern.

Doch da kommt mein Frauli die Treppe runter in Jeans und die schweren Schuhe in der Hand, da kann ich aufatmen, wenn sie mitgeht, kann's gar nicht so tragisch werden.

Und so ist es, wir gehen auf unsern Hausberg, den Kolomannsberg. Wir laufen die Forststraße hoch, ich schlupfe unter dem Schranken durch, Frauli auch, mein Herrl steigt drüber und die Fanny springt außen herum. Wir gehen schon eine ganze Weile, da kommen uns zwei Wanderer vom Berg herunter entgegen und fragen, wie lange wir schon unterwegs sind. Als mein Herrl sagt, wo wir hinwollen schauen uns die Beiden etwas ungläubig an und fragen: »Was heute noch?« Da hätte ich das erste Mal schon hellhörig werden müssen, aber meine Leute sind da schon lange daheim, die werden schon wissen, wo es langgeht – ein richtiger Hund vertraut einfach!

Wir gehen nun schon zwei Stunden diesen Forstweg hoch und wenn ich hoch sage, dann meine ich hoch! Und plötzlich ist der

Weg zu Ende – super! Hätten wir doch diesen Trampelpfad weiter unten nehmen sollen? Kann gar nicht sein, sagt mein Frauli, wir nehmen den alten Traktorweg, der dort vorne in den Wald führt. Gesagt, getan, alle marschieren ihr hinterher. Eine halbe Stunde später endet auch dieser Weg in einem Dickicht. Gut, sagt mein Herrl, dann müssen wir doch hinunter und diesen Trampelpfad nehmen. Also, alle marschieren bzw. rutschen dem Herrl abwärts hinterher, bis wir wieder auf die Forststraße kommen, um dann diesen …, eh schon wissen! Nur der Weg endet ebenfalls bestimmt eine halbe Stunde später wieder im Nichts. Frauli sagt, egal, sie weiß es genau, wir müssen da hinüber und dabei fuchtelt sie mit der Hand in Richtung Dickicht. Auch gut und egal, Hauptsache, wir kommen überhaupt noch mal aus diesem Wald raus, so stapfen wir wieder alle dem Frauli hinterher.

Jetzt gehen wir auf keinem Weg mehr und mich verlässt wieder mal alles, was so einen kleinen Hund unter dem Fell zusammenhält. Frauli mault etwas von wegen Herrl hat eine gute Übersetzung und macht Meter, die andern haben Vierradantrieb, nur sie muss sich schinden. Nichtsdestotrotz gehen alle weiter bis zu einem breiten Graben mit wenig Wasser. Keiner fragte, ob ich Angst habe oder nicht, und so quäle ich mich da durch. Über große und kleine Steine und Felsbrocken, zum Teil mit Moos bewachsen oder gar glitschig und nass, super anstrengend. Frauli fragte, ob sie mich sicherheitshalber an die Leine nehmen soll, aber Herrl meinte nur, ob sie zusammen mit mir abstürzen will. Diese Motivation kam mir gerade noch gelegen. Einfühlsam wie eine Dampfwalze und genauso rücksichtsvoll war er auch schon auf der anderen Seite. Fanny hat es auch ganz gut geschafft, Frauli rutschte ein wenig ab und mit einem Schuh ins Wasser, na ja, und mehr schlecht als recht kam ich auch an. Und da war er wieder, der Trampelpfad, wieder bergauf, wie könnte es anders sein, aber immerhin, der Weg wurde immer besser und führte sogar nach einer Weile auf eine richtige Straße. Zurück in der Zivilisation war die Motivation groß, aber Hunger und Durst noch viel größer.

Wir mussten immer noch eine gute Stunde gehen, bis wir dem Ziel näher rückten, bei einem Holzschild mit der Aufschrift »Jausenstation« war mein Frauli wieder richtig guter Dinge. Herrli träumte mit offenen Augen von Radler, Frauli von Kaffee und Kuchen und uns Vierbeinern lief das Wasser im Munde zusammen. Endlich dort angekommen, wurden die Wünsche unserer Alten sogleich erfüllt, wir mussten uns unter eine Bank verkriechen, weil da so ein unfreundlicher Köter rumlief, und mehr als eine Schüssel lauwarmes Wasser für uns beide zusammen war nicht drin. Aber eh wurscht, mir war ohnehin schlecht von der Anstrengung. Mit einem Ohr hörte ich noch, das wir bald zu Hause sind, aber bis dahin weilte ich im Land der Träume.

16.08.06

Fanny muss zum Tierarzt

Fanny hat einen schlimmen Hautausschlag. Es muss sie fürchterlich jucken, weil sie immer kratzt, seit zweiTagen, und jetzt ist es schon so schlimm, dass sie blutet. Ich sollte auch mit, damit ich mich ein bisschen daran gewöhne. Wie wir aussteigen – schon wieder diese eigenartigen Gerüche, die mir Angst machen, aber Frauli zieht mich über die Schwelle. In der Tür ist es dann schon angenehmer. Der Arzt begrüßt uns sehr freundlich, ich mag ihn trotzdem nicht. Die Fanny macht überhaupt keine Zicken, die findet das alles okay, auch wie sie auf diesen Tisch muss. Ich denke mir noch – bin grad gespannt – gleich wird er ihr an ihre besten Teile greifen und dann frisst sie ihn – nichts passiert. Er streichelt sie und redet mit ihr – fad, da kann ich mich auch schlafen legen, wenn's hier null Aktion gibt.
Aber dann geht's los, er holt eine Riesenspritze zum Blutabnehmen und fünf Röhrchen, ich setzte mich schon mal auf, falls sie Unterstützung braucht. Der Arzt rasiert ihr auch noch die Haare von einer Pfote ab, jetzt hat sie noch einen Schönheitsfehler!
Puh, ich kann gar nicht hinschauen, die Arme, gleich wird sie ihn anbellen, aber nein, die ist ja voll cool. Der zapft ihr Unmengen Blut ab und sie macht gar nichts. Dafür gibt's zum Abschluss einige Leckerlis (auch für mich) und noch mal Streicheleinheiten, na, vielleicht ist der ja doch ganz nett. Das war's, wir fahren wieder heim.

War das eine unruhige Nacht!

Mein Herrli ist noch weggegangen gestern. Okay, hab ich ja nichts dagegen,aber tschüss hätt er schon sagen können, würd ihm sicher nichts aus der Krone fallen.
Und gefüttert hat er mich auch nicht, ich hatte Kohldampf ohne Ende, ich konnte mich nicht mal mehr aufraffen, um zu betteln – hat ja eh keinen Sinn. So bin ich eingeschlummert mit knurrendem Magen, mit einem Ohr immer horchend welcher Magen lauter knurrt, meiner oder Fanny ihrer. Als dann Frauli von der Arbeit kam, haben wir aber richtig Gas gegeben um von ihr wenigstens noch was zu ergattern.
Dann wieder schlummern, bis unsere zwei Herrlis heimkamen, noch mal eine kleine Runde gehen und wieder schlafen. Denkste! Dauerte nicht lange kam mein Herrl schon wieder an um noch mal ein Stück zu gehen, eine Flasche Bier zu trinken, zu rauchen …
Ich glaub, es war schon gegen vier Uhr früh, bis ich endlich in Ruhe schlafen konnte – so ein Herrl ist manchmal ganz schön anstrengend!

18.08.06

Heut worma Zwetschgn glaubm, hicks!

Zuerst ein kurzer Spaziergang zum Bach, wo die Fanny wieder mal schwimmen konnte. Ich find dieses Getue im eiskalten Wasser ansonsten ja wirklich blöd, nur jetzt, wo sie so einen heftigen Ausschlag hat, hab ich sogar Verständnis dafür, dass sie ihren Body durchzieht, und so blieb ich auch geduldig stehen.

Auf dem Nachhauseweg entdeckte Frauli einen Baum mit vielen blauen Früchten drauf. Viktoria steckte sich gleich eine in den Mund. Aus Erfahrung weiß ich, dass alles, was die Kleine isst, mir auch schmeckt, und so hab ich dem Frauli auch eine abgejuxt.

Frauli holte dann einen Eimer und fing an diese Früchte aufzusammeln. Das war eine gute Idee, ich setzte mich neben den Sammelbehälter und hab mich bedient. Schon hat sie mir eine gescheuert und gemeint, ich soll nicht so faul sein, ich könnte mir die Zwetschgen selber suchen. Aber irgendwie konnte ich die im hohen Gras gar nicht finden, die riechen ja nach nichts. Zum Glück hab ich zu Viktoria einen guten Draht (obwohl ich sie so oft umschmeiße – sie ist einfach nicht standfest genug), die hat mich dann versorgt. Frauli hat den Baum geschüttelt und so purzelten die Dinger um uns herum ins Gras, es war a richtige Hetz.

Als der Baum leer war, haben wir auch noch diese ganz kleinen

Griacherl, sagt man, vom Baum nebenan gepflückt. Ich konnte hier wirklich nur die vom Boden haben, die meisten waren von der Sonne schon ein bisschen matschig und süß. Beim Heimgehen war's dann recht lustig. Jetzt war die Fanny die Spaßbremse, ich konnte mich abkugeln, was ich wollte, sie blieb cool. Purzelbäume hab ich geschlagen, einmal hats mich auf die Schnauze gehaut, Frauli hat gemeint, ich hab wohl einen Rausch. Komisch war mir schon und mein Abendessen hab ich verschlafen.

Aufgedeckt mit DNA

Mein Herrl hat sich beschwert, dass die Fanny einen großen Haufen in den Rasen vor unserem Haus gemacht hat. In den Rasen dürfen wir Hunde eigentlich nicht, wir haben ja nur zwei Meter weiter die Wiese mit dem Obstgarten. Frauli konnte das nicht recht glauben und schaute sich das mal genauer an. Mir schwante schon Fürchterliches. Sie nahm die große Gießkanne mit Wasser und spülte mal in diesen besagten Haufen (Häufchen wäre wirklich untertrieben) hinein. Durch natürliche Analyse kam die Wahrheit ans Licht, der Haufen bestand zu 80 % aus Zwetschgenkernen.

Iiiich hab ein Stachelschwein geküsst

Spätabends bei schönem Wetter sitzt die ganze Familie lange im Freien. Wir Hunde haben es auch fein, denn wir gehen dann, solange es geht, auf Entdeckungstour. Kürzlich war wieder so ein lauer Abend und wir waren unterwegs. Die Fanny hat plötzlich gebellt, ich soll doch mal schnell kommen, sie hat was Aufregendes gefunden. Tatsächlich liegt im hohen Gras hinter dem Komposthaufen eine dunkle, große Kugel mit Unmengen von Stacheln drum herum. Die Kugel hat sich wohl gerade noch den Bauch vollgeschlagen wie ein Schwein, mit den Abfällen, die für die Hühner gedacht sind.

Zuerst wusste ich nicht, was man damit macht, aber die Fanny hat's mir gezeigt:

Wir haben ganz still gewartet, bis sich dieses Knäuel bewegte. Langsam hat ES sich ausgestreckt, winzige Pfötchen sind unter den Stacheln hervorgekrochen, eine spitze Nase hat sich ausgerichtet und schon wollte die Kugel, die jetzt eher aussieht wie eine Birne, losmarschieren. Konnte aber nicht, denn die Fanny hat ihr mitten ins Gesicht gebellt, schon hat's es wieder zu einer Kugel zusammengerissen.

Das ist lustig, dieses Spiel können wir Sstundenlang spielen. Ab und zu wird das Knäuel frech und ignoriert Fannys Bellen, dreht sich in die andere Richtung, um ihr zu entkommen – so ein Pech aber auch! Da sitz ich und bell ihm auch ins Gesicht!

Doch dann – Stunden später – hat er sich wieder zu mir umge-

dreht, ich hab ihn angebellt, er beachtet mich nicht weiter und will an mir vorbeilaufen, ich denk, ich spinn, so eine Frechheit und rück ihm ein Stück näher, um ihm nochmals ins Ohr zu bellen, er soll bleiben, wo er ist. Irgendwie hab ich doch den Abstand unterschätzt und bin mit meiner Nase an sein Stachelfell gestoßen – autsch!! Das tat weh!
Jetzt hatte ich die Nase voll (im wahrsten Sinne des Wortes), nach Spielen war mir nicht mehr und dieses Schwein, dieses stachelige, konnte mir gestohlen bleiben. Die Fanny hat nun auch die Lust an diesem Spaßverderber verloren und ließ ihn ziehen. Frauli hat versucht, mir die Stacheln rauszuzupfen, aber leider hab ich mir die meisten schon abgebrochen. Wieder eine schmerzhafte Erfahrung reicher, schlief ich fix und fertig ein.

Man lernt nie aus

Fanny, Frauli und ich waren wieder mal unterwegs in Richtung Bach. Da gehen wir hin, wenn Frauli nicht ganz so viel Zeit hat, und doch ist es immer eine Erlebnistour. Davor ist eine Weide mit Kälbern drin, da schlupfen wir einfach durch, es gibt auch viel Gestrüpp und eben einen Bach. Frauli läuft meist ohne Schuhe und geht mit uns immer ins Wasser. Heute haben wir eine Stelle mit sandigem Boden erwischt, der unter den Pfoten und Füßen nachgibt, das ist ein witziges Gefühl.

Dort und da springt ein kleiner Fisch im Wasser herum und heute hat Frauli sogar einen Krebs entdeckt, angeblich was besonders Seltenes, für mich sieht das Tier sehr unspektakulär aus. Ab und zu schwimmen ein paar Enten im Wasser, die aber abhauen, wenn wir ankommen. Ich hab wieder was Fressbares gefunden, ein superknuspriges Mineral, ähnlich wie das von den Hühnern, aber viel, viel größer und noch schmackhafter. Mein Frauli schaut weg und sagt schon gar nichts mehr, aber sie schmust dann lange nicht mit mir. Die Fanny, wie immer wenn sie Wasser wittert ist ja nicht zu bremsen und ging an einer tiefen Stelle schwimmen. Tropfnass schlüpfte sie wieder durch den Zaun, nur diesmal war das Unterfangen dreimal ungünstig, hat Frauli später erklärt, erstens war der Zaun tiefer, zweitens war sie nass und drittens ist das ein elektrischer Weidezaun. Die Fanny hat so gejault und gejammert, dass es mir durch Mark und Bein fuhr, sie wollte nur noch heim.

Angeblich hatte sie mit ihren sechs Jahren bisher noch nie das Vergnügen.
Mark meint, mich wird das Schicksal eher ereilen, weil ich größer werde und sowieso den Zaun streife – das sind ja schöne Aussichten.

Diese Tröpfel-Pinkelei ist echt ein Problem!

Hoffentlich krieg ich das bald in den Griff, mein Herrl redet schon von Ausstopfen. Ich kann's einfach nicht kontrollieren, sobald ich mich freue, wenn ich beispielsweise mein Herrl begrüße, wenn er heimkommt, dann tropft es unten raus. Keiner will mich mehr im Haus streicheln, jeder geht immer gleich vor die Haustür mit mir, bevor er mich anfasst. Peinlich ist das, ich hoffe, das hört bald auf, sonst muss ich zum Psychologen oder so, auf jeden Fall zu einem Doktor mit Sofa! Nicht zu dem, der mir an meine besten Teile geht, der hat nur einen Tisch.

Ein Leckerbissen für den Kochtopf

Wir haben da wirklich eine doofe Henne. Die bleibt nicht im Gehege, ständig kratzt sie außerhalb des Zaunes herum. Ich hab sie schon so oft hineingejagt, aber die merkt sich das einfach nicht. Ja, freilich hab ich auch meinen Spaß daran, aber man möchte schon meinen, irgendwann hat sie begriffen, dass sie hier mit dem Feuer spielt. Schließlich gibt es hier in der Gegend auch den Fuchs, ich hab zwar noch keinen gesehen, aber der dürfte Hühner ganz oben am Speiseplan haben, sagt die Oma.

Vor ein paar Tagen, hab ich es am Parkplatz erwischt, und ordentlich zurechtgewiesen. Da kommen die Kinder von den Holländern des Weges, sehen die Henne unter meinen Pfoten liegen, schreien aufgeregt und rennen davon. Dauert nicht lange kommt der Vater der Kinder, schnappt mich am Halsband und zerrt mich hinein zu meinem Frauli.
Ihr erklärt er in einer eigenartigen Sprache und mit Hilfe von Händen und Füssen: »Das Huhn, das Huhn ist tot! Es liegt auf dem Parkplatz und rührt sich nicht mehr, und der da (ein strafender Blick auf mich herab), der war es!« Sie hören nicht eher auf zu schimpfen und zu deuten bis Frauli endlich mit hinaus geht bis zu der Stelle wo das Huhn liegt, beziehungsweise wo das Huhn lag. Wir haben es gerade noch gesehen wie es sich aufplusternd in die Hecke verrollte – das tote Huhn!

Heute, wie immer haben wir so unsere Runden gedreht, das Federvieh ist wieder ein paar Meter geflogen, wieder gelaufen, gehüpft und ich hinterher. Als ich sie bei den Schwanzfedern packen konnte, hat sie einen Gackerer losgelassen, der die ganze Gegend aufhorchen ließ. Und dann plötzlich mäuschenstill. Schön, nun konnte ich meine Beute wieder mal genau begutachten und genießen, keine Holländer in der Nähe, die mich verpetzen könnten.

Das war ein tolles Gefühl, das warme Huhn unter meinen Pfoten. Ich wartete eine Weile, bis sich das Federvieh vom Schock erholt hatte und wieder das Weite sucht. Nur diesmal, glaub ich, hab ich etwas übertrieben, die Henne braucht ziemlich lang bis sie sich wieder rührt. Ich bin ein Stück weggegangen, vielleicht hat sie Angst vor mir und stellt sich wieder tot. Nein, das Huhn steht nicht mehr auf, diesmal ist es tot – uups, was soll ich jetzt tun? Während ich so überlegte, kam mir in den Sinn – wenn ich sie einfach fresse?, zwei Fliegen mit einer Klappe schlagen sozusagen; mein Bauch wäre voll und das »Corpus Delicti« hat halt der Fuchs geholt, und so machte ich mich auch gleich dran, zuerst hab ich ihr den Kopf abgebissen, schließlich ist es schon komisch wenn dich dein Happen immer anschaut. Außerdem hab ich gehört, dass sich Gäste im Restaurant auch den Fisch ohne Kopf servieren lassen. Mit dem schmackigen Rest bin ich ein Stück vom Kopf weggegangen und hab ein paar mal kräftig an dem Federkleid gezupft.

Ich war grad so richtig bei der Arbeit (Schmatzen), schon etwas verschmiert ums Maul, kommt der Mark daher (grad heute muss der früher aufstehen, normalerweise schläft er an seinem freien Tag bis mittags, bis dahin wär ich lange fertig gewesen). Oje, oje, der hat sich vielleicht aufgeführt und mich wüst beschimpft. Und dann hat er Frauli geholt, uuupps, kann die böse schauen! Die hat mich am Krawattl gepackt und mich zum Corpus Delicti geschleift, dann hat sie meine Schnauze in den mittlerweile kalten Kadaver gedrückt, bis mir schlecht war. Mein Winseln half mir auch nichts mehr, sie hat mir auch noch kräftig auf den Hintern gehaut. Na bitte, war ich fertig! Die blöden Hühner sollen mir gestohlen bleiben, fress sie, wer will – ich hab die Schnauze voll!

Die Oma hat gar nicht so rumgezickt, sie meinte nur: »Ja mei, rupf mas halt.«

Für die Oldies gabs Nudelsuppe mit Huhn!

18.08.06

Mein Futter ist aus

Frauli telefoniert vor dem Wochenende noch bei meiner Pflegefamilie an, nach Kärnten, ob sie uns nicht noch mal einen Sack schicken können. Wir haben zwar vom Tierarzt ein Spezialfutter für mich geholt, aber Herrli sagte, den brauchen wir gar nicht erst aufzumachen (der hat Nerven), der stinkt und ich auch. Ich habe die letzten Tage von diesem Futter Proben gefressen und seither küsst er mich nicht mehr. Das wird ein Wochenende werden, ich sehe mich schon völlig geschwächt irgendwo in einen Graben stürzen und wahrscheinlich hab ich nicht mehr die Kraft, wieder rauszukommen, womöglich kann ich nicht mal mehr bellen, nur jammern. Auf jeden Fall bleib ich dieses Wochenende zu Hause! Ich rühr mich einfach nicht von der Stelle, wenn mein Alpinist wieder loswill. Bin aber wirklich gespannt, was sie mir so servieren?!

22.08.06

Das Wochenende ist um

und ich lebe noch. Es war ein Fastenwochenende, aber ich habe überlebt. In der Früh bekam ich zwei Scheiben Vollkornbrot (logisch, was anderes haben wir zu Hause nicht im Kühlschrank). Wenn ich mit Frauli in die Arbeit gehe, dann gibt's wieder eine Scheibe Brot (ohne Belag) vom Frühstücksbuffet, das ist schon ein Ritual, die Gäste staunen immer, weil ich vor dem Frühstücksraum so brav sitzen bleibe.

Wenn die wüssten ... (Mein Frauli hat mir, gleich nachdem ich hierhergezogen bin, 30-mal erklärt: »Nein, Charles, da darfst du nicht hinein.« Natürlich bin ich hineingegangen, es war viel zu verlockend, das große Buffet, der tolle Duft, die netten Leute und alles hat immer gelacht. Außerdem hätten mich die Leute sonst gar nicht wahrgenommen. Auf jeden Fall – ich denke, so beim 31. Mal hat sie mich beim Krawattl gepackt, mich hochgezogen und volle Wäsche rausgeschmissen! Natürlich hab ich es begriffen.

Mit der Küche ist es ähnlich, ich hab mich schon gewundert, dass die Fanny gar nie Anstalten macht, in die Küche zu gehen. Auch hier riecht es meist herrlich, da muss doch was Fressbares rumliegen, aber allein schon wenn ich mit dem Gedanken spiele, in die Küche zu schleichen, und auch nur hineinluge, scheppert es im selben Moment derart, dass mir fast das Fell ausgeht. Also lass ich das auch mal lieber.

Gut, aber nun weiter zu meinem Speiseplan: Mittags gab's dann einen Schöpfer lauwarmen Reis mit einem kleinen Stück Dose (nur für den Duft, denn geschmeckt hab ich nichts davon) und am Abend nackerte Nudeln oder Knödel, aber keine Schweinebratensoße oder so. Ich hab ja grad noch auf den Kräutertee vom Willi Dungl gewartet, dann wär's perfekt gewesen, aber es gab Wasser.
Heute kam mein Futtersack, er war auch an mich adressiert, wer weiß, wo der sonst gelandet wäre.
Ein besonderes Dankeschön meiner lieben Mami und Ziehmami – es schmeckt!

Onkel Sam hat geschrieben:

Lieber Charles,
bist du jetzt eigentlich unter die Vegetarier gegangen (worden)? Brot, Nudeln, Reis und Knödel – mit einem Hauch von Dosenfutter.
Da stellt sich ja wirklich nur eine einzige Frage: Wie geht es den Hühnern?
Eigentlich lebst du ja in einem Schlaraffenland. Frühstücksbuffet, die frischen Semmeln hängen an den Türen und in der Küche ist fast ständig etwas am Köcheln. Aber du hast nichts davon – außer einer starken Charakterbildung (Beherrschung ist alles).
Also, würg den Knödel runter und denke dir die gebratenen Hühner einfach dazu.

Viele mitfühlende Pfötchen
von deinem Onkel Sam

23.08.06

Mädi war zu Besuch da

Mädi und ihr Frauli kamen ganz überraschend hier vorbei, das war eine Hetz! Ich wusste gar nicht mehr, das Spielen mit Gleichaltrigen so viel Spaß macht. Meine Schwester ist etwas zarter als ich und noch viel frecher. Natürlich kam ich oft unten zu liegen, ich weiß ja schon, was sich gehört, man muss einfach mit Mädels – auch wenn's die Schwester ist – mit Zartpfötchen umgehen (das hat mir mein Herrli schon beigebracht).

Drei Hühner fehlen!

Heute waren drei verschwundene Hühner das Tagesthema Nummer eins. Die Oma ist ratlos und etwas schockiert. Der Fuchs (muss ja ein Ungetüm sein wie die Oma über ihn redet) hat schon bei einem Nachbarn mal den Stall ausgeräumt, aber der wohnt auch nah am Wald. Bei uns ist es schon etwas ungewöhnlich, erstens sind wir vom Wald weit entfernt, sagt die Oma, und wir haben zwei Hunde, das müsste der doch auch riechen!

Ich kann dazu nichts sagen, ich halt mich da raus!

Kidnapping

Samstagvormittag, ich liege recht faul auf dem Hof in der Sonne. Das wird wieder ein langweiliger Tag werden. Mein Herrl ist mit dem Traktor losgefahren, er muss irgendwohin Holz liefern und ich hatte keinen Platz auf dem Hänger. Schade drum, ich wäre so gerne mit auf die Baustelle. Schließlich braucht auch so ein kleiner Berner mal etwas Abwechslung. Immer zu Hause bei den Mädels ...

Wie gesagt, ich liege da faul auf dem Parkplatz, fährt ein weißer Kombi vor, bleibt mit laufendem Motor bei mir stehen, macht die Motorhaube auf, kommt auf mich zu (ich denk mir, der will mich sicher begrüßen, wie es so üblich ist), doch der schnappt mich, ohne viel zu sagen, hebt mich in das Auto, haut den Deckel zu, eilt in den Wagen und braust davon.
Ich weiß gar nicht, wie mir geschieht, ich hab solche Angst, möchte bellen und bring keinen Ton raus vor Schock. Ich schau aus dem Fenster und seh noch mein Frauli verwundert am Hof stehen und die Fanny rennt dem Auto hinterher. Unglaublich, wie schnell die laufen kann ... und doch ... wir biegen schon auf die Hauptstraße und der Fahrer gibt Gas, Fanny bleibt zurück.

Ich bekomme die Panik und Schweißausbrüche, bin fix und fertig und weiß überhaupt nicht mehr weiter! Der Mann telefoniert, ich höre, wie er sagt: »Ja, ich hab ihn mit, der ist nicht so glücklich drüber, aber wir sind eh gleich da!«
Glücklich drüber? – hat der erwartet, ich bin froh, das der mich einfach entführt?

Ich hatte kaum Zeit, mir zu überlegen, wie ich wieder nach Hause finden werde, da blieb der Karren auch schon stehen, die Klappe geht langsam auf ...
und mein Herrl steht davor!
Ich hab nicht gewartet, bis er auch nur einen Ton sagen konnte,

schon hab ich ihn angesprungen und überall abgeschleckt, bei der Gelegenheit wars mir auch wurscht, dass ich wieder mal undicht war, alles war unwichtig, Hauptsache mein Herrl war da!

Der Entführer hatte den Auftrag, mich mit auf die Baustelle zu nehmen, weil ich doch nicht mit dem Traktor fahren konnte. Der ist aber immer etwas knapp in der Zeit und so konnte er nicht warten, bis mein Frauli mich verabschiedete ...
Ein Jahr später und ein paar Kilogramm schwerer, ich werde ihm zeigen, was es heißt, einen Berner aufzuheben oder gar wo reinzusetzen, wo ich nicht hinwill. – Hoffentlich wachse ich schnell ...

Mädi schreibt

Liebe Familienmitglieder, geht es euch auch so?
An jeder Ecke lauert ein: »Ja mei, gö, des is der aus der Werbung?« oder einfach ein »SITZ« von wildfremden Menschen, die auf mich zustürmen.
Ich bin ja gut geschult, ich mache dann allen die Freude und setz mich halt hin, aber hol's der Teufel, warum ist das all diesen Menschen so wichtig?
Und wie die dann immer vor Begeisterung jubeln und lachen und in die Hände klatschen – dabei kann ich das schon seit Ewigkeiten!
Möglicherweise sollte ich in Zukunft ein besseres Honorar verlangen! Dann trete ich im Fernsehen auf und zeige allen, wozu ein echtes Berner-Mädl fähig ist.

Ein belustigtes Hokuspokus-Tschüss
eure Mädi

Onkel Sam der Weise schreibt:

Liebe Mädi,

das kann ich mir sehr gut vorstellen, dass du jetzt ständig wegen dieser Werbung angequatscht wirst. Mein Frauchen findet besonders diese Sequenz, bei der Bernilein mit einem inständigen »Biiiitte sitz« aufgefordert wird, einfach aus dem Leben gegriffen.
Vielleicht sollten sich unsere Frauchens mit den entsprechenden Flügerln darstellen, dann hätten wir wenigstens etwas zu lachen.

Als der erste Berner in unser Haus gekommen ist (das war 1984) war unsere Rasse noch richtig exotisch. Kein Mensch kannte einen Berner. »Robin« wurde ständig für eine Mischung zwischen Bernhardiner und Collie gehalten. Aber dann kam endlich der »Bergdoktor« im Fernsehen und damit war der Bann gebrochen. Es wusste zwar noch immer kein Mensch, um welche Rasse es sich handelt, aber es sprach sich schön langsam herum.
Und dann war da noch »Schlosshotel Orth« – die Bernis wurden ein Begriff.
Und als dann noch Hansi Hinterseer einen Babyberner im Körbchen präsentierte (das war übrigens damals eine sehr traurige Geschichte für den Kleinen), haben wir die Fernsehwelt endgültig erobert.

So, jetzt hast wieder etwas vom Werdegang der Berner erfahren.
In diesem Sinne Hokuspokusplink

dein Onkel Sam

Dazu muss ich Mädi auch ein paar Zeilen schreiben

Liebe Mädi!
Ich kann dich so gut verstehen, schon nervig, wie die Leute oft entzückt sind, wahrscheinlich sind wir besonders gut geraten – unsere Mama kann schon sehr stolz sein.
Ich bin es mittlerweile schon gewohnt, im Scheinwerferlicht (bzw. im Blitzlicht) zu stehen. Du glaubst gar nicht wie die Gäste sich bei uns manchmal aufführen.
Da kannst alles finden: von schicken Männern im Anzug und Krawatte, die sich plötzlich vor mir auf die Knie schmeißen und du Schöner und du guter Junge rufen. Die Frauen sind noch schlimmer, wenn die auf meiner Welle liegen, dann beginnt die Zeremonie mit einem schrillen Ton. Gestern war eine da, die wollte gleich eine Fotoserie von mir schießen (Frauli hat mich gerettet).
Mit den Kids ist das noch mal etwas anders: Quietschen tun sie fast alle, aber die einen sind begeistert und spielen mit mir Fangen, die anderen laufen auch herum, also spiele ich auch Fangen, die sind aber dann ganz aus dem Häuschen, wenn ich sie erwisch. Also ich sollte immer hellseherische Fähigkeiten haben, wie sie's nun grad haben wollen – schwierig, echt schwierig!

Vor Tagen zieht bei uns eine Familie mit zwei Mädchen ein. Eine ist begeistert (klaut sogar Kuchen vom Buffet, um mich zu füt-

tern), die andere läuft los, ich hinterher – klar sie will spielen. Sie kreischt, super denk ich, das wird spaßig, wenn die so lustig sind, plötzlich fällt sie hin und bremst voll mit der Nase. Blutüberströmt ist sie dann mit Oma zu meinem Frauli gelaufen, hat den Sachverhalt nicht richtiggestellt, jetzt hat doch ihre Oma geglaubt ich hab der die Nase weggebissen. Na zum Glück hat dann der Opa von der Kleinen erzählt, wie es tatsächlich war, und mich wieder ins rechte Licht gerückt (ich sah mich schon als Kettenhund alt werden).
Jetzt versteh ich auch, warum die Fanny einfach alle anknurrt: »Lasst mich in Ruh«, die verzichtet freiwillig auf alle Bestechungen und hat somit die Leute und vor allem die Kids vom Hack!

Hier müsste noch mehr Aufklärungsarbeit geleistet werden, die Leute wissen wirklich immer noch nicht wie man sich mit Hunden verhält. Anstatt zu schreien und loszurennen sollten die Leute uns einfach in Ruhe lassen und vorbeigehen.

Übrigens, was ich schon lange schreiben wollte, meine Zähne verabschieden sich auch langsam (bin ja nun schon vier Monate alt). Zwei sind schon ganz weg und einen hab ich mir wohl irgendwo abgerissen. Egal, bei meiner Futtermenge sind nicht mal die restlichen alle im Einsatz!

Liebe Grüße
Charles

03.09.06

Meine Familie war zu Besuch

Sonntags ist's total fad!

Mein Herrl ist ohne mich losgefahren, dabei hatte ich gestern so viel Spaß. Ich durfte mitfahren auf die Baustelle und da war auch ein Hund, angeblich ein Jagdhund, aber ich hatte nicht den Eindruck, dass der außer durch den Wald fetzen und Blödsinn machen auch noch was anderes kann. Tja, mir soll's recht sein, ich hatte eine Menge Spaß mit ihm, er hat mir sein ganzes Revier gezeigt, das heißt, wir waren volle drei Stunden unterwegs. Dann plötzlich ein schriller Ton und Arock blieb stehen, horchte ganz angespannt, dann ein zweites Pfeifen und schon hetzte er los in Richtung Hütte, wo unsere Herrlis warteten und Arock ganz toll lobten. Meine Wenigkeit hat man mit »iiigiiit« gegrüßt! Super! Natürlich haben drei Stunden Natur ihren Tribut gefordert. Mein Herrli hat den Gartenschlauch genommen und mich mit kaltem Wasser abgespritzt! Arock stand grinsend daneben, er hat ganz glattes braunes Fell und dünne Pfoten, wo sollte sich also bei dem ein Fussel Dreck festhalten – aber ich bin wie geschaffen für Dreck (sagt mein Frauli). Dann hab ich geschlafen bis zum Heimfahren.

Gut also heute noch etwas geschlaucht, hab ich mich grad mit Viktoria zum Mittagsschlaferl begeben (oder wurden wir dazu genötigt? Um die Mittagszeit will man uns immer loswerden, hab ich den Eindruck).
Auf jeden Fall, kaum fing ich an, meinen Träumen nachzuhängen, kam Frauli an und hat mich schon wieder geweckt! Besuch sei da für mich! Besuch? Neugierig und etwas aufgeregt lief ich raus und da kommen auch schon zwei schwarze Wusel auf mich zu. Die sehen ja so aus wie ich!? Die riechen auch so wie ich!? Die sind … meine Familie, jiipppiii. Meine Mama Anna und meine Schwester Cora sind da! Ich kann es kaum glauben, das ist eine Überraschung.

Plötzlich eine Stimme: »Putzi« – ich glaub, ich spinn, die Stimme kenn ich, da sind auch meine Ziehmama und der Rudelführer von meiner Geburtsstätte – ich freu mich riesig, die beiden begrüßen mich auch ganz toll. Der Mann sagt: »Komm, lass die anschauen Junge.« Er meint, ich sei super gewachsen, sehe toll aus und hab eine perfekt Figur – mei, ist mir der sympathisch.

Cora und ich haben den ganzen Nachmittag gespielt und getollt und uns gekugelt. Meine Mama hat mir gezeigt, dass man die Blätter von den gelben Blumen fressen kann. Mein Frauli konnte es gar nicht glauben, aber wir haben wirklich alle drei Sonnenblumenblätter gefressen.

Fanny war anfangs recht skeptisch und hat sich den Besuch ganz genau angeschaut. Ich glaube, sie hatte Angst, dass der Tag gekommen ist, wo ich wieder weggehe. Ja, sie hat gemeint, die Sommerfrische ist nun um und ich werde wieder abgeholt! Den Tag, den sie anfangs so herbeigesehnt hat, aber jetzt lässt sie mich nicht mehr gehen, ja, sie hat mich richtig lieb gewonnen. Die passt auf, auf mich. Sie! – Fast blind und eh Angst wie ein Zauberer, aber wenn's um mich geht, wächst sie über sich hinaus! Immer wenn ich beim Spielen etwas gequietscht hab oder so, wollte sie schon wieder eingreifen. Mein Frauli hatte hier echt viel zu tun, dass wir ungestört spielen konnten.

Leider ging der Nachmittag viel zu schnell vorbei und meine Zieheltern machten sich langsam wieder auf den Weg. Als Abschiedsgeschenk bekam Fanny ein Schweineohr und ich so was tolles langes Stickiges zum Kauen.
Der Chef sagte zu meinem Frauli auch noch unüberhörbar, dass ich sicher genug Futter bekomme, und sie soll sich von meiner Fressgier nicht verunsichern lassen, so wie ich gebaut bin, passt alles. Das hätte ja nun nicht sein müssen!

Cora schreibt Onkel Sam und mir:

Ich musste einmal nach dem Rechten schauen, ob der Speiseplan wirklich so dünn ist, wie er jammert.
Auto aufgepackt, von meinem Fressen was abgetreten und ab ging die Fahrt über die Berge zum Mondsee. Eine traumhafte Reise und eine wunderbare Gegend.
Bei der Ankunft war die Freude groß und ich musste feststellen, dass sein Genörgel wegen des Fressens wirklich nicht angebracht ist.
Ich habe eine Spaghetti-Figur, aber Charles ist ein super Rüde mit idealem Körper. Wenn er nicht mein Bruder wäre, könnte ich mich fast verlieben.
Wir verbrachten einen spielerischen Sonntag. Werde noch sicherlich davon einige Nächte träumen.

Trotz deines ewigen Gejammers, muss ich dir schreiben, du hast eine großartige Familie und ein wunderschönes Zuhause.

Danke für alles
deine Cora mit Familie

09.09.2006

Reisefieber – ich glaube, meine Familie ist krank!

Ich weiß gar nicht, was da los ist, ständig packt jemand einen Koffer.
Von Mark bin ich das gewohnt, der packt regelmäßig seine alte Wäsche raus und frische Wäsche rein, einmal schlafen, mein Fell absuchen und schon ist er wieder weg. Sein Motto heißt Praktikum, was auch immer das ist, es muss lustig sein, sonst würde er das nicht machen.

Mein Herrl packt auch gern die Koffer, zum Glück seltener und wenn, dann ganz schnell. Daran muss ich mich gewöhnen, hat er gesagt, was ich mir nicht vorstellen kann, denn ich mag es überhaupt nicht, wenn nicht alle zusammen sind – aber mich fragt ja keiner.
Die letzten Worte zu meinem Frauli, bevor er seine Reise antritt, haben sich nicht geändert: »... und gib dem Hund nicht zu viel zu fressen!« – der Satz wird in die Geschichte eingehen, befürchte ich.

Aber jetzt »wird doch der Hund in der Pfanne verrückt« (ich glaub so heißt das Sprichwort – oder war's das Huhn?) egal: Jetzt packt auch noch mein Frauli die Koffer. Was mich etwas stutzig macht, sie packt das große Auto von meinem Herrl, da

muss ich jetzt schon genau schauen, was da alles eingepackt wird.
So nebenbei gehen mir existenzielle Fragen durch den Kopf, zum Beispiel: Wer wird mich füttern, während hier alle das Weite suchen. Wer wird auf mich aufpassen, mich raus- und reinlassen. Wer wird meine Laki aufwischen, vielleicht hab ich doch etwas übertrieben, Frauli hat mich schließlich oft genug gewarnt. Ja, ja, Oma und Opa sind auch noch in der Nähe, aber die Oma ist mit Opa und der Pflanzenwelt genug beschäftigt, die hat gar keinen Nerv für ein kleines Hundekind wie mich.

Muss mal schaun, was hier alles mitfährt: eine Menge Klamotten, klar, für zwei Mädls! Spielzeug – ich glaub, das ist nun schon die vierte Puppe, die an mir vorbei den Weg zum Wagen findet, und der dritte Teddybär. Ein ganzer Korb mit Essbarem, Schreibzeug und Papier aus dem Büro. Was wird das? Arbeitsplatzverlegung?
Das Futter für die Fanny wird verlagert, Frauli trägt es zu Oma und Opa – super! Was ist mit meinem Futtersack? Die werden mich doch nicht wirklich allein hier lassen?
Schnell ein Stoßgebet: »Lieber Schutzpatron für schwer erziehbare Hundebabys, ich werde nie mehr Laki im Haus machen und auch für die Häufchen werde ich künftig ein paar Meter weiter in Nachbars Garten gehen, oder wenn es sein muß geh ich auch in den Obstgarten, aber bitte, bitte mach, dass mich Frauli nicht allein lässt!«

Da! Jetzt, hat es schon geholfen? Mein Futtersack, meine Decke, mein Spielzeug und meine Schüssel kommen in einen Karton! Hoffentlich nimmt sie mich mit – oder fährt sie mich ins Tierheim? Das hab ich auch schon gehört, dass Haustiere die nicht brav sind und die somit keiner haben will, dort abgeliefert werden! »Bitte, lieber Schutzpatron und Hundeheiliger, ich werde nie mehr Laki ins Haus machen, und wenn du willst, nage ich auch die Schuhe von der Kleinen nicht mehr an, aber bitte mach, dass mein Frauli mich mitnimmt!«

Viktoria sagt, wir fahren in den Urlaub und der Charles fährt auch mit! Na, wenn die das weiß, dann wird's schon stimmen. Nun ist es so weit, kurz noch verabschieden von den wenigen, die daheim bleiben, und los geht's.
Da bin ich ja schon sehr gespannt. Ich werde einen täglichen Reisebericht schreiben, aber bis dahin mach ich mal ein kleines Nickerchen – Autofahren ist so einschläfernd, danke, lieber Hundeheiliger, endlich kann ich mich entspannen.

Reisebericht, Teil I

Unser erster Stopp ist an einem wunderschönen Bergsee. Frauli sucht einen schattigen Parkplatz und dann beginnen wir eine Wanderung um den See. Am Anfang unserer Strecke steht ein Pfeil – Frauli meint, dass wir eineinhalb Stunden unterwegs sein werden, vergisst aber drauf, dass wir ja im Schneckentempo um den See kriechen. Wir bleiben bei jeder Blume stehen, um dran zu riechen, und ich – als Familienhund weiß natürlich, was sich gehört, und nehme richtig Anteil an allem, was passiert. So koste, ich auch von den grünen Blättern, die Viktoria probiert. Pah, das hätte ich mal lieber bleiben lassen, die sind ja total scharf – Sumpfpfefferminze, die brennt vielleicht auf der Zunge, und ich musste ja gleich wieder einen ganzen Zweig kauen.

Voll blöd, wie manche Menschen bei meinem Anblick in die Knie gehen und »Siiiiitz« rufen. Alles wegen der blöden Bankwerbung, wo so ein Bernerwelpen von einem Mädchen genötigt wird, sich hinzusetzen, und es dann erst tut, als sie schon lange weg ist.
Viele Eltern fragen mein Frauli, ob ihre Kinder mich streicheln dürfen, und dann sind sie die Ersten, die ihre Hände nicht von mir lassen können.

Nach einer Ewigkeit kommen wir zu einem kleinen Lokal. Viktoria kriegt ein Eis, Frauli einen Kaffee und ich eine Semmel (eine leere Semmel, versteht sich). Ich weiß genau, dass mein Herrl an dieser Stelle die Augen verdrehen wird, sollte er jemals meinen Reisebericht zu lesen bekommen. Er, hätte meiner Figur sicher nicht einmal die Semmel gegönnt.

Der Aufenthalt in diesem Lokal dauert so lange, bis Viktoria alle Spielgeräte zumindest einmal durchhat, dann können wir uns weiter auf den Weg machen.
Im Schneckentempo, wie schon erwähnt, aber das macht nichts, es ist herrliches Wetter und ich komm auf meine Kosten durch andere nette Vierbeiner, die des Weges kommen. Einige sind gut gelaunt und tratschen oder spielen mit mir. Dann gibt's da auch Enten im Wasser, die aufgeregt davonflattern wenn ich auch nur eine Pfote ins Wasser setze, und kleine Fische und den herrlichen, warmen Schlamm am Ufer, der zwischen meinen Pfoten durchquatscht.

Nach einigen Stunden kamen wir wieder zu unserem Auto, vom Schatten war nichts mehr zu sehen. Als die Türen aufgingen, kam knülle heiße Luft heraus – schlecht berechnet von unserer Erziehungberechtigten. Kaum hat der Motor seinen üblichen Geräuschpegel erreicht, ist die Kleine auch schon weggeschlummert. Endlich können sich Fraulis Ohren entspannen. Manchmal frag ich mich wirklich, wie sie das nur aushält und vor allem wo sie so viele Antworten auf das ewige »Warum« herzaubert. Und mit diesen Gedanken bin ich auch ins Reich der Träume geschwebt …

… bis das Motorgeräusch weg war und Frauli sagte: »Aussteigen, wir sind da!« Wo? Schreib ich morgen auf, jetzt muss ich mich umschauen.

Reisebericht, Teil 2

Das ist ja eine tolle Gegend hier, riesige Berge, aber wirklich riesige. Wir sind hier vor einen schönem Bauernhof gelandet und Frauli fängt auch schon an das Auto auszupacken und da hat sie ja wirklich eine Weile zu tun, so voll wie das ist.

Die Kleine macht sich sogleich auf den Weg zu einer Katze. Ein interessanter Mini–vierbeiner, der äußert, frech meinem Bellen trotzt.

Nachdem alles fertig ausgepackt ist, legt mein Frauli meine Decke vor die Tür. Ich sollte hier ernsthaft ganz alleine liegen bleiben? Also darüber müssen wir noch diskutieren. Aber bevor ich papp sagen kann, ist sie schon weg und die Tür fällt ins Schloss.

Egal, noch ist es hell und ich will mir das sowieso noch alles anschauen, aber das letzte Wort ist da sicher noch nicht »gebellt«!

Nach meiner Entdeckungstour liegt die Decke immer noch vor der Tür – na toll, das war ernst, ich fühle mich hier aber total allein, nicht mal die doofe Katze kann mich ablenken und ich fang an zu winseln. Frauli ruft zwar einige Male vom Balkon herunter, was mich aber mit Sicherheit nicht ruhiger stimmt, ich leg noch ein bisschen drauf und heule noch lauter. Es hat geholfen! Frauli kommt, aber anstatt mich ins Haus zu holen, sperrt sie das Auto auf und hebt mich in den Kofferraum. Na ja, das wär ja schon was, das Dumme ist aber, dass das Licht nicht ausgeht, solange die Heckklappe offen bleibt, zumachen wird sie

hoffentlich nicht, sonst bin ich morgen früh mit Sicherheit erstickt.
Nach längerem Prozedere, Auf- und Zusperren, alle Versuche die Lampen auszumachen, schlagen fehl, hebt sie mich wieder aus dem Auto und sperrt es ab. Auch gut, sie lässt mich endlich ins Haus und trägt mich zwei Treppen hoch. Das ist ein Service, daran kann man sich gewöhnen. Mein Frauli ist halt 'ne Wucht!
Oben angekommen streck ich meinen Luxuskörper am Balkon aus und sie haut sich hundemüde auf ihren Schlafplatz.
Natürlich ist die Nacht bald wieder um, so ein kleiner Hund muss halt sehr früh sein Laki machen und da ich ins Haus nicht soll stell, ich mich vor ihr Bett und quietsche ein bisschen. Komisch, sie hört mich gar nicht – ist sie tot? Um das festzustellen, steck ich meine Nase unter die Decke; schon springt sie auf, zieht sich was über (als ob ich es soo eilig hätte), schnappt mich mit ihrem eigenartigen Griff und schleppt mich wieder die Treppen runter. Unten angekommen setzt sie mich ab und haut unfreundlich die Tür zu und weg ist sie (dabei wieg ich erst 22 Kilogramm).

Morgenstund hat Gold im Mund – es ist einfach schön, so früh schon unterwegs zu sein, da hat man echt was vom Tag. Es ist also fünf Uhr früh und ich mach mich in der Gegend nützlich. Hier liegt so viel herum – Besen, Gießkanne, Katzenschüssel, Katzenfutter im Karton (leider war es schon fast leer) und vieles mehr.

Nachdem hier endlich mal die Sonne aufgegangen ist, kommt auch die doofe Katze wieder und weil sie nicht mit mir spielen wollte, hab ich sie halt angebellt. Dauert nicht lange, schon schreit mein Frauli vom Balkon herunter, ich soll ruhig sein und auf meinen Platz gehen. Da die Katze aber nicht weggeht, wiederholen wir das Spektakel noch einige Male, bis nun endlich mal die drei Kinder der Familie auf Touren kommen und mit Tasche und Drahtesel loswollen, zur Schule – was immer das ist. Es wird lustig, jetzt ist mein fixes Talent gefragt. Denn drei Kinder vom Fahren abzuhalten, indem man abwechselnd in den Hinterreifen beißt, ist wirklich nicht einfach, aber was ein richtig sportlicher Berner ist, der schafft es, die Kids zumindest so lange in Schach zu halten, bis sie alle drei schreien und Frauli nicht mehr vom Balkon herunterschreit, sondern gleich vor der Tür steht.

Irgendwie nach Luft ringend (obwohl es nur zwei Treppen sind) schnappt sie ihre »Lieblings-22-Kilo« und schleppt sie wieder die Treppe hoch – ist sie nicht nett?!

Endlich komm ich auch noch zu einer Mütze Schlaf, obwohl ich im Hintergrund die Kleine »Mama« rufen höre, aber das betrifft mich nicht, ich schlaf weiter …

Reisebericht, Teil 3

Wir fahren auf den Berg und jetzt weiß ich erst, was ein richtiger Berg ist, da ist der halb nackerte Felsen zu Hause ja ein größerer Maulwurfhügel mit einem Kiesel drauf. Wir fahren also auf einen sehr hohen Berg, bis wir endlich einen Parkplatz finden – denn die Idee mit dem Berg hatten einige andere auch – dauert es noch eine Weile.

Als wir uns endlich mit »Schusters Rappen« auf den Weg machen, steht die Sonne schon recht hoch, wolkenloser Himmel und ganz schön heiß ist es.

Die Leute, die uns überholen – klar, wir sind trotz Hitze wieder im Schneckentempo unterwegs – bewundern uns wie immer und wollen die Kleine und mich fotografieren oder mich streicheln. Viele wundern sich auch, dass ich ohne Leine so brav nebenher, trotte – logisch, unter meinem Fell ist die Temperatur kurz vor dem Siedepunkt, mein Wasser ist aus, nur die Kleine hat noch klebrigen Saft und eine Ende ist immer noch nicht abzusehen. Mein Frauli lässt sich aber durch nichts erweichen, die will wirklich auf diesen Gipfel, mit uns zwei Schnecken im Schlepptau. Ich weisß gar nicht, wo sie die Energie hernimmt – bei den kurzen Nächten!

Zum Glück gibt es auf halber Strecke einen kleinen Teich, in den ich mich auch sogleich schmeiße, aber keiner merkt das, es zischt und dampft.

Abgekühlt schaffen wir dann auch noch den Rest. Die Kleine wird mit der Aussicht auf Pommes und Eis die letzten Meter gelockt und ich hab hier sowieso nichts zu melden.
Endlich sitzen wir im Gipfelrestaurant, für mich gibt es auch gleich eine Schüssel Wasser und mein Lieblingsfrauli bringt mir eine leere Semmel mit.

Gestärkt und wieder guter Dinge gehen wir zum Gipfelkreuz, schließlich brauchen wir ein Beweisfoto für meine Memoiren.

Und dann geht's bergab, das geht nun wirklich viel schneller, die Kleine läuft vor uns her, das mag ich gar nicht, weil ich nicht weiß, mit wem ich nun gehen soll. Meist sitz ich irgendwo in der Mitte oder lauf hin und her. Erst als Frauli die Drohung ausspricht, die Laufschnecke kommt an meine Leine, beruhigt sich die Lage wieder und wir bleiben endlich zusammen.
Als mich so mein Hinterteil den Berg abwärts schiebt, verspüre ich doch dieses Gefühl, das meine Notdurft ankündigt, und weil hier weit und breit kein Pflänzchen größer als eine Pfote ist, verkrümle ich mich hinter einen Holzschuppen. Endlich hab ich einen passenden Ort gefunden und will grad anfangen zu drücken, kommen zwei Riesenrindviecher auf mich zu und wollen was von mir. Voll Schreck zwick ich meine Backen zusammen und hau ab. Durch den Zaun zurück zum Frauli – die biegt sich vor Lachen und einige Zuschauer auch (sehr witzig! Wer die Not hat, braucht sich um den Spott nicht zu kümmern, oder wie das heißt). Für heute Nachmittag ist 's mir also wirklich vergangen.
Kaum im Auto, das übliche Bild, Motor an, Klappe zu, die Göre schläft und ich auch gleich!

Onkel Sam schreibt:

Hallo Charles,
is ja waaaahnsinnig, ihr habt ein Gipfelkreuz erstürmt! Für zwei Schnecken ist das aber schon imposant. Ich war noch nie soo hoch oben, weil meine Schnecke lieber die Ebene liebt und dieses Gekraxel nicht so ihr Ding ist. Unter dem Motto: Nur net anstrengen.

Ich hoffe, deine Verdauung hat sich auch wieder normalisiert. Nicht, dass du jetzt womöglich unter einer Schock-Verstopfung leidest. Die meisten hätten sich bei dem Anblick der Riesenviecher ohnehin angesch…aut!

Grüße
dein Onkel Sam

Reisebericht, Teil 4 – meine erste Gondelfahrt

Wieder mal eine schöne Fahrt in herrlicher Landschaft, die Kleine ruft schon ständig: »Heut fahren wir mit der Gondl«, was meint sie nur? Wir fahren mit dem Auto (wenn Herrli hört, dass sie Gondl zu seinem Auto sagt …)!
Nach nicht allzu langer Fahrt bleiben wir an einem großen Gebäude stehen, von dem aus hängende Kisten den Berg nach oben transportiert werden – komisch! Aber was geht's mich an!
Frauli kauft an einem Schalter eine Karte und macht sich mit uns im Schlepptau auf den Weg hinein.
Ich trau meinen Augen kaum! Da steigen Leute in diese Kisten und Frauli schickt sich an, die nächste Kiste zu nehmen! Nein! Nein, aber wirklich nicht, ohne mich. Ich strecke alles von mir, was geht, in so ein Hängeklo steig ich nicht ein. Die Leine wird immer straffer und ich krieg fast keine Luft mehr, ich wollte noch diskutieren, aber Frauli kümmert sich wirklich nicht um meine Meinung, packt ihre gewohnten 22 Kilogramm und schon sind wir drin. Viktoria jubelnd und grinsend bis über beide Ohren …; bin ich froh, dass ich nicht hinausschauen muss/kann, da wird einem ja schlecht!

Frauli bewundert die tolle Landschaft und die Kleine sagt ständig: »Pahh, sind wir schon weit oben in der Luft.« Plötzlich macht es einen Ruck und das Schwebeklo bleibt stehen, nein, wir sind noch nicht da, wir hängen in der Luft, die Kleine quietscht vergnügt: »Mama schau, wie das wackelt!« Beruhigend, so viel Anteilnahme von allen Seiten! Ich liege flach am Boden und press die Augen zu (Beweisfoto) hoffentlich ist das Spektakel bald vorbei. Endlich, mit einem ebenso heftigen Ruck geht die Fahrt weiter, heimlich schnell ein kurzes Stoßgebet an meinen Schutzpatron und Verbündeten ...

Und siehe da: »Gleich können wir aussteigen«, sagt die Kleine, die Tür schiebt sich auf und ich bin natürlich als Erstes draußen, das war klar.

Wir beginnen unsere Tour an einem Erlebnis-Wanderweg. Das ist echt super gemacht hier, barfuß stapfen wir durch Bachläufe und Tümpel, laufen über Zapfen–, Sand- und Mulchbeete.

Der Weg führt auch durch einen schönen Wald, wo man in einem Becken ein Moorbad nehmen kann und noch bevor Frauli »Halt, nein« schreien kann, bin ich auch schon drin in dem Trog. Ich verstand die Aufregung gar nicht, vor mir sind auch erst ein paar Leute durchgewatet. Ich kann nichts dafür, dass ich nichts hochkrempeln kann. Oder war es, weil auf dem Schild steht: »Moor–Fußbad« und ich bis zum Hals drinsteckte? Weiß nicht – auf jeden Fall war's super angenehm. Danach kam der Reinigungstrog mit Wasser, ich wollte ihn eigentlich übersehen, aber wie du dir schon denken kannst, liebes Tagebuch, war das nicht möglich, ich musste sogar zusätzlich in den Bach und das fand ich nicht mehr so angenehm.
Der Weg führte uns weiter zu einer Mühle, an einer Backstube vorbei, zu einem großen Baumhaus (da musste ich unten bleiben = Beweisfoto) und noch viel mehr und ich darf fast überall mitmachen.

Viele Besucher haben auch ihre Hunde mitgebracht, das ist eine besondere Erfahrung für mich, ich wusste nicht, dass es uns in so vielen Farben und Größen gibt, ganz glatt oder zottelig, echt witzig, wie einige rumlaufen. Die Hundemode dieses Jahr ist schon ab und zu etwas eigenartig. Da gab es einen, der sah aus! Ich dachte zuerst, das ist ein kahl geschorenes Zwergschwein so wie wir im Sommer zwei hatten (allerdings mit Fell), aber nein, das war auch ein Hund, also weißt du – so würde ich mich niemals auf die Straße wagen.

Dann kommen wir an eine Station, da werden verschiedene Töne mit Wasser gemacht, es sind auch wieder viele Leute da und plötzlich hab ich meine Mädls verloren. Etwas aufgeregt lief ich los, konnte aber mein Frauli nicht sehen und auch die Kleine nicht hören. Ratlos blieb ich wieder stehen und schaute in alle Richtungen – dann endlich hörte ich die vertraute Stimme, Frauli war gar nicht weitergegangen, ich war so froh, sie wieder zu sehen, ich hab sie fast über den Haufen gelaufen und begrüßt, als hätte ich sie eine Woche nicht gesehen.
Die Fahrt nach unten in der Schwebekiste war schon nicht mehr so spektakulär, ich hab auch schon gar nicht mehr versucht, hier Anstalten zu machen, denn wenn mein Frauli sich was vornimmt, zieht man sowieso den Kürzeren. Endlich unten, rein ins Auto, diesmal war der Parkplatz perfekt berechnet, wir hatten Schatten! Und in dieser angenehmen Kühle schlummerte ich wahrscheinlich sogar vor der Schnecke weg.

Reisebericht, Teil 5 – wir fahren wieder heim

»Heut machen wir einen Ruhetag«, hat Frauli verkündet. Aber das hätt ich mir auch so denken können, schließlich ist es schon zehn Uhr und die Mädls sehen immer noch aus wie ihre Betten. Ganz auf bequem, die Kleine sieht fern, »Susi und Strolchi«, zwei witzige Köter erleben in dem Kasten einige Geschichten miteinander, ich schau mir das auch an. Frauli haut auf ihrem mobilen »Nichtbuch« – weißt schon, dieses Büro für unterwegs – wie wild in die Tasten.
Erst kurz vor Mittag machen wir uns mal auf den Weg. Die Kleine steuert gleich wieder das Auto an, aber Frauli sagt: »Das Auto bleibt heute stehen.« Auch gut, ein netter Spaziergang kann auch nicht schaden. Ein Stückchen nach den Häusern gehen wir aber vom Weg ab zwischen den Bäumen durch und ich glaub, ich weiß was jetzt kommt: Wir sollten hier unser Mittagessen finden – Frauli nennt das »Schwammerl suchen«. Was Schwammerl sind, das weis ich mittlerweile, was Viktoria und ich einfach nicht draufhaben ist, warum wir einige Schwammerl ansteuern, aber noch viel mehr stehen lassen. Das musst wirklich studiert haben, sonst blickst du da nicht durch.
Der Weg wird immer steiler, die Kleine wird auf den Arm genommen und getragen, zu mir sagt Frauli: »Du hast es gut, du hast Vierpfotenantrieb!«
Frauli kraxelt wieder mal rum wie eine Bergziege, kaum zu glau-

ben – und das für ein Mittagessen! Bin ich froh, dass mein Essen aus dem Sackerl kommt.
Nach vielen Höhenmetern im Dickicht gehen wir mit einer guten Handvoll »Schwammerl« wieder heim.
Ich brauch nichts mehr, ich hab unterwegs einige Mineralien namens Kuhfladen verspeist und hau mich gleich zur verdienten Siesta unters schattige Auto. Die beiden Mädels essen noch die Handvoll frisch G'fangtes und machen dann wohl auch ein Mittagsschläfchen, auf jeden Fall ist es ruhig bis ...

... der Toni kommt. Der startet nämlich seine Höllenmaschine und fängt an, das Gras das dieses Ding Tage zuvor abgeschnitten und eh schon einige Mal gewendet hat, nun in Zeilen zu schlichten.
Frauli und die Kleine kommen auch runter, Frauli nimmt sich so einen Holzstock mit Zacken dran und arbeitet sich so zwischen den Zeilen durch. Den ganzen Nachmittag sind wir damit beschäftigt, nicht, weil die Kleine und ich unseren Spaß haben und das Heu häufchenweise schnappen und wieder in die andere Richtung schleppen, nein, weil der Hang so groß ist.
Am Abend sind wir alle echt geschafft und zufrieden sitzen wir noch ein bisschen im Hof und tratschen. Toni macht wieder seine Späßchen oder machen die drei Frauen die Späßchen mit ihm, das kann ich nicht eindeutig feststellen.
Bei der Gelegenheit erzählt der Toni (= Petze) meinem Frauli, dass ich die lange Steintreppe perfekt meistere, wenn ich die

schwarze Katze vom Stall in den Heuboden und wieder runter jage. Uupps! Frauli schaut etwas schief zu mir herüber – ich glaub, ich weiß was sie sagen will, bestimmt trägt sie mich von heute an keinen Meter mehr!
Morgen fahren wir wieder heim, schade eigentlich! So einige Tage mal in den Bergen – »in richtigen Bergen« – ist schon was Tolles. Aber natürlich freu ich mich auch wieder auf daheim, die Fanny, mein Herrli (bestimmt wartet er ganz ungeduldig auf mich) und Mark, die Hühner und überhaupt, wenn wieder alles seinen geregelten Gang geht – wie mein Frauli sagt.

20.09.06

»Die Beichte« oder Charles, der Hühnerdieb

Es lässt sich nichts dran drehen und wenden – ich war's!

Und Frauli ist gnadenlos! Den ganzen Tag musste ich das tote Teil rumtragen. Mir graust so! Oma wollte für mich ein gutes Wort einlegen und für sich eine Hühnersuppe kochen, aber nein, Frauli blieb hart. Ich konnte den ganzen Tag nicht mal was trinken, denn sobald ich mich vorgebeugt habe, hing das tote kopflose Federvieh vor meiner Schnauze. Mir graust soooo!, es tut mir soooo leid (hoffentlich hält das an), wer weiß, was sie sich das nächste Mal einfallen lassen würde.

22.09.06

Onkel Sam schreibt:

Na, bravo!

Da hast du dir ja was eingehandelt. Tagelang hast du dich tapfer geschlagen und Berge bezwungen (zu Pfote und im Schwebeklo), reißende Flüsse durchquert und tückische Moorlandschaften überlebt und dafür immer nur ein trockenes Semmerl bekommen.

Und?

Was steht im Handbuch für kleine Hundepfadfinder? Man muss für seine Nahrung selbst sorgen. Und da weder in den Bergen noch in Flüssen und auch nicht im Moor ein Huhn zu finden ist – Moorhuhnjagd ist eine Erfindung für PC-Freaks – und du eben doch (noch) kein erfahrener Jagdhund bist, bleibt eben nur das daheim gebliebene Federvieh.

Wenn du einmal groß bist, dann kannst du deinen kleinen Nachmittagssnack spurlos verputzen! Aber nicht vergessen: alles immer schön aufräumen und SCHNAUZE ABWISCHEN! Aber wie gesagt, wenn du groß bist! Und bis dahin, ich flehe dich an, verkneif es dir. Sonst wird noch eine Namensänderung vorgenommen und du heißt dann nicht mehr »Charles von Klein St. Veit, sondern charles der Hühnerdieb«.

Viele mitfühlende Pfötchen
von deinem SAM

PS: Solltest du wieder einmal ein kopfloses Huhn »finden«, bring es bitte umgehend zur Oma. Hühnersuppe ist sehr gesund und du willst ja schließlich nur einen Beitrag zur gesunden Ernährung leisten.

Lieber Onkel Sam,

was ich einfach nicht verstehen kann:
Wenn der Opa ein Reh erschießt und nach Hause bringt zum Beispiel, das Fleisch in die Küche bringt zum Verarbeiten, den Kopf abschneidet und die Krickerl auskocht zum An-die-Wand-Kleben, dann wird er gelobt! »Weidmannsheil«, sagen alle und »So ein guter Bock« und »A scheans Fleisch« – also alles bestens! Oder wenn er mit einem Hasen ankommt und ihm doch tatsächlich das Fell über die Ohren zieht – keiner sagt was, alles ist in Ordnung.
Wenn die Fanny die halbe Wiese umgräbt wegen ein oder zwei Mäusen, danach aussieht wie ein Erdschwein, heißt es: »Brave Fanny, hast a Mausi g'fangen!«
Wenn der Mark mir oder der Fanny diese Zecken aus dem Fell holt und mit Wonne draufsteigt, dass das Blut grad so spritzt, ist das auch noch okay. Wenn die Viktoria einen Schmetterling erwischt und ihm doch tatsächlich die Flügel ausreißt (Ja, das macht die, hab ich schon gesehen) – gut, es lobt sie keiner, denn außer mir hat das noch keiner gesehen.
Besseres Beispiel: die Oma – ich hab gehört, wie die Oma gesagt hat, dass es eh bald wieder Zeit wird, die Hühner zu köpfen und zu rupfen, dann sagt auch keiner was (obwohl, wenn ich genau überlege, Frauli und Mark verdrehen immer die Augen).
Kürzlich hat der Bauer Knoblechner eine Sau abgestochen, na

glaubst du vielleicht der musste sie einen Tag lang rumtragen? Nein, sicher nicht!
Also bitte, Onkel Sam, erklär mir warum es so schlimm ist, wenn mir beim Spielen eine Henne eingeht und ich dann so mehr aus Zeitvertreib dran rumkaue und dabei der Kopf abfällt?!

Onkel Sam antwortet mir:

Lieber Charles,
leider ist guter Rat hier nicht nur teuer, sondern auch unmöglich zu erteilen.

Diese Situationen sind leider für uns Hunde nicht nachvollziehbar. Da kannst du diskutieren bis zum Sankt-Nimmerleins-Tag, du kommst zu keinem akzeptablen Ergebnis.
Frauchen hat immer recht – so einfach ist das! Und wenn sie auch nicht recht hat, sie wird es nicht zugeben. Nie und nimmer!
Ich bin deiner Meinung. Alle dürfen da ein Blutbad anrichten und werden dafür noch gelobt und bezahlt.
Der Gedanke an deinen Nachbarn der die geschlachtete Sau den ganzen Tag herumtragen müsste – ich wäre auch dafür!

Denk einfach nicht weiter darüber nach und strafe die Hühner mit Verachtung. Ihre Tage sind ja ohnehin gezählt und dann hat dir Oma die Arbeit abgenommen.
Kannst es ja einmal mit einer Maus probieren. Vielleicht bringt dir diese Jagd den gewünschten Erfolg. Ich vermute allerdings, dass es wiederum Ärger geben wird, wegen des etwas erdigen Felles.

Ich wünsche dir jedenfalls von ganzem Herzen eine gehörige Portion Standfestigkeit

und schicke dir viele Pfötchen
dein Onkel Sam

Cora schreibt mir und den Anderen:

Hallo lieber Charles und Geschwister!

Wieder einmal ein Bericht von meiner Kinderstube.
Ich gehe in die Hundeschule, wo mein Frauchen auch feststellte, dass ich eine brave Hündin bin, bis auf einiges kapiere ich alles recht schnell.
Die erste halbe Stunde besteht nur aus Erziehung (Cora, nein, Cora, sitz, Cora, Platz), höre oft schon gar nicht mehr. Aber mit meinem Frauchen ist dann nicht gut Kirschen essen und meine Belohnungen fallen dann auch aus. Denn da gibt es immer leckere Sachen, zum Beispiel Käse, Wurst, für diese Düfte mach ich fast alles.
Etliche doofe Hunde gibt es auch dabei, die machen immer das Verkehrte.

Der zweite Teil besteht aus Spielen und Hindernisübungen. Wir sausen durch Tunnel, laufen zickzack und besteigen schmale Bretter und so weiter,aber eines mag ich momentan überhaupt nicht: mich von Fremden abtasten zu lassen.
Das machen die in der Hundeschule. Was gehen meine Zähne oder meine Pfoten, Ohren andere Leuten an. Einfach ekelig.
Ich wiege 20,5 kg und bin 53 cm hoch, also immer noch ein Spaghetti.

In der Nacht lebe ich im Garten. Ich liebe es, nichts zu überhören und zu übersehen. Ich könnte auch ins Schlafzimmer vom Frauchen, aber ich will es nicht, da ist nichts los. Bei Tag habe ich viele Flausen im Kopf. Ich verarsche jede Katze und verunstalte den Garten. Es gibt bei mir Heutiere, die sind super, reden nicht zurück und denen kann ich die Schwänze und Ohren ausreißen.

Was ich auch mache, Langeweile habe ich keine.

Eure Cora

Alles kommt ans Licht!

Es ist ja nun so, dass ich als Hühnerdieb eh schon abgestempelt bin!
Trotzdem hatte meine Familie ja immer noch die Hoffnung, dass von den sechs Hühnern, die die Oma ursprünglich angeschafft hat und von denen jetzt nur noch eines rumläuft, mindestens drei der Fuchs geholt haben muss. Schließlich hat man mich »nur« mit zwei Hühnern erwischt.
Keiner hat vermutet, dass ich die »Leichen im Keller« beziehungsweise in Nachbars Garten habe. Aber langsam, mit fortschreitender Gartenarbeit kommt alles ans Licht. Der Nachbar hat gemeldet, dass er ein etwas lädiertes und halb verwestes Federvieh unter den großen Hecken gefunden hat, und heute ist beim Umstechen des Komposthaufens wieder ein fürchterlich stinkendes Huhn aufgetaucht. In ein paar Tagen werden sie das letzte Corpus Delicti auch noch finden. Und dann ist mein guter Ruf für alle Zeit ruiniert. Am besten such ich mir gleich eine neue Bleibe, oder sollte ich mich mal in diesem Tierheim umhören, was die alles so ausgefressen haben, die da einsitzen?

Die Oma schickt sich jetzt an, dem verbleibenden Waisenhendl den Garaus zu machen, weil schließlich Suppenhühner sehr gesund sind.
Jetzt plagt mich mein Gewissen noch viel mehr, weil ich so

eigentlich das »letzte Huhn« auch noch auf dem Gewissen habe.
Freilich war geplant, dass der Aufenthalt bei uns als Suppenhuhn endet, aber ich denke, der Zeitpunkt ist etwas schlecht gewählt, schließlich wird ein schöner »Altweibersommer« prognostiziert und den können die armen Viecherl nun nicht mehr miterleben – was hab ich nur alles angerichtet?!

Die nächsten Hühner werden jedenfalls erst im nächsten Frühjahr angeschafft und bis dahin kann ich mir überlegen, wie ich meinen Spieltrieb oder Jagdinstinkt anders ausleben kann, denn so riskiere ich »Kopf und Kragen!«

30.10.06

Traumbody in spe

Mein Frauli hat meinen Luxuskörper untersucht, alles, was meine Geschwister auch schon berichtet haben. Sie hat all meine Zähne angeschaut und angegriffen und festgestellt, dass die Hälfte der spitzen Beißerchen weg oder abgebrochen ist..
Dann hat sie mich vermessen, als würde Sie für mein Fell eine bestimmte Verwendung im Kopf haben. Zum Glück ist meine Schulterhöhe von 56 cm wohl noch etwas zu wenig für einen Wintermantel und ich darf meine Haut noch behalten.
Zuletzt kam ich auf die Waage. Ich bin nicht sicher, wie zuverlässig die Methode ist. Frauli stemmt mich hoch, stellt sich auf die Waage: Über 80 Kilogramm zeigt dieses verlogene Teil (das sagt sie jeden Morgen) an. Dann stellt sie sich alleine drauf und zieht das von unserem gemeinsamen Betrag ab, das heißt, ich muss sowieso nehmen, was übrig bleibt und da bin ich nun auch nicht ganz sicher, ob das so stimmt. Angeblich bin ich 26 kg schwer.
Zum Glück hatte Mark auch so seine Zweifel und das Prozedere noch mal mit mir gemacht – hochgestemmt, gewogen, alleine, abgezogen: tatsächlich 26 Kilogramm!

Wenn mein Herrli das mitbekommt, trägt er mich sicher gleich bei den »Weight Watchers« ein, da bin ich sicher!

Hallo Charles,

was soll ich jetzt noch sagen?
Wie wäre es damit: Ich habe dich gleich gewarnt. Du bist noch zu klein für diese wohlgenährten Hühner. Du kannst sie noch nicht spurlos vernichten.
Im Frühjahr wird die Situation eine ganz andere sein. Dann bist du schon größer und die Henderln sind noch recht klein. Dann war es der Fuchs – ganz klar! Muss die Oma halt 20 Stück mehr einstellen, dann wird für sie auch noch ein Suppenlieferant abfallen.

Mit deinen 26 kg bist du wahrscheinlich im Moment der Spitzenreiter.
Sicher alles Muskelmasse vom Bergsteigen und Jagen. Vielleicht hat dein Frauchen auch etwas übertrieben, damit du ein schlechtes Gewissen bekommst. Außerdem ist es auch vollkommen egal, wie schwer du bist. Wahrscheinlich bist du auch dementsprechend groß. Kann man deine Ripperln noch spüren oder nur erahnen?

Lass dich jedenfalls bloß nicht unterkriegen! Denk dran, die Hungerhaken-Models dürfen jetzt auch nicht mehr auf den Laufsteg.

In diesem Sinne viele Pfötchen
von deinem Onkel Sam

05.10.06

»Erkundungstour« oder ich versteh die Welt nicht mehr

Ich glaube, das wird nun wohl der letzte Eintrag in mein Tagebuch ...

Heute Morgen, so wie jeden Morgen, bin ich wieder mein Gelände abgelaufen. Schließlich bin ich der Hofhund hier und es ist meine Pflicht, alles zu erkunden. Und siehe da! So ein Zufall aber auch, dass ich gerade des Weges komm, um unser letztes Huhn zurechtzuweisen. Etwas verwundert bin ich schon, denn eigentlich wollte die Oma gestern schon eine Hühnersuppe kochen. Aber na ja, das Huhn hat außerhalb des Geheges nichts verloren und somit nehmen die Dinge ihren Lauf!

Die doofe Henne gackert aufgeschreckt (als würde sie mich nicht kennen) 1. Fehler, und fängt an zu rennen – 2. Fehler, natürlich muss ich hinterher. Wir drehen also ein paar Runden, sie fliegt immer wieder ein kleines Stück – 3. Fehler, das ist unsportlich und unfair (wir wollen doch fair zueinander sein) und sie versucht nun durch das Loch im Zaun zu schlupfen, zögert aber kurz und dreht sich noch zu mir um, ob ich auch nachkomme – 4. Fehler, was denkt die eigentlich, mit wem sie es zu tun hat? Bevor sie sich versieht, hab ich auch schon meine Pfoten auf ihr drauf und drück sie ein bisschen zu Boden.

Vor Schreck macht sie keinen Pieps mehr und ich zupf ihr ein paar Federn aus. Die Oma macht das nämlich auch, bevor sie die Hendl in den Kochtopf schmeißt. Als dann der Hals und ein kleines Stück an der Brust von den Federn freigelegt sind, lass ich es wieder los, schließlich hab ich gelernt, dass ich den Kopf dranlassen muss, sonst kommen die nicht mehr auf die Füße.

Mittag ist es und ich halte gerade Siesta vor der Tür, die Sonne scheint mir auf den Pelz und auch sonst ist alles im Lot, kommt die Oma um die Ecke gebogen, das Hendl (es muss dasselbe sein denn sonst haben wir ja keines mehr) hängt schlaff aus einer Hand herunter, in der anderen Hand trägt sie die … (nein, nicht die Tatwaffe) letzten Eier dieser Saison. Verwundert schau ich auf, denn ich hab dem Huhn nichts getan, außer ihm erklärt, dass es frühmorgens schon vier fatale Fehler machte.
Frauli eilt ganz aufgeregt herbei und die Oma sagt: »Nein, die hätte überlebt!«
Ich versteh die Welt nicht mehr! Und deshalb wird das sicher der letzte Eintrag in mein Tagebuch über Hühner sein!

Frauli sagt, ich bin sauber

Nicht dass hier gleich ein falscher Eindruck entsteht – bestimmt meint sie damit, dass sie morgens nicht mehr putzen muss, wenn sie aufsteht, weil ich keine Laki mehr im Haus mache. Wirklich seit Wochen ist nichts mehr passiert. Wenn ich wach werde quietsche ich ein-, zweimal, Frauli kommt die Treppe heruntergerannt und lässt mich raus. Es ist zwar immer sehr knapp, aber es geht sich aus.
Jetzt wird auch mein Refugium im Haus etwas erweitert. Früher durfte ich nur im Erdgeschoss im Vorhaus bleiben, bestimmt, weil es da außer meinem Schlafplatz nur Fliesen gibt. Zur Treppe hat man einen Zaun errichtet, der sofort angelehnt wurde, nachdem die Fanny hochging – »Welpen – diskriminierend«, finde ich. Jetzt taste ich mich ganz vorsichtig zumindest bis zum Zwischenpodest nach oben. Der Zaun ist noch in Griffweite. Der Teppich ist voll angenehm und auch im Wohnzimmer darf ich liegen bleiben, wenn Frauli rausgeht. Früher hat sie mich gleich mitgeschleppt, nur die Fanny durfte liegen bleiben.
Hat schon seine Vorteile, endlich »sauber zu sein«!

13.10.06 Ist der Ruf erst ruiniert …

… frisst's sich gänzlich ungeniert!

Heute Vormittag hatte ich ein blutverschmiertes Maul! Unvorstellbar, was da gleich los war. Die ganze Familie ist zusammengelaufen und hat ihre Kommentare abgegeben. Wir haben doch keine Hühner mehr! Was frisst er denn jetzt? Und viele Vermutungen mehr …
Bis Herrl mir seine Hand ins Maul gesteckt und meine Zähne gründlich untersucht hat. Da kam es ans Licht – meine Eckzähne haben sich schwer entzündet und wackeln. Die neuen Zähne schieben an und die alten halten immer noch, natürlich blutet es da, wenn ich was beißen will.

Als die Oma das letzte Huhn in den Kochtopf gesteckt hat, dachte ich schon, was mach ich nun mit meiner Zeit? Aber mir ist schon wieder was eingefallen: Ich wusste nicht, dass Gartenarbeit so lustig und abwechslungsreich sein kann. Mein Frauli ist wieder mal der Hit: Jeden Tag versteckt sie Blumenzwiebeln und kontrolliert am nächsten Morgen, ob ich sie auch wirklich alle gefunden habe. Wenn eine fehlt, ist sie aber ganz schön sauer und schimpft mit mir. Das spielen wir jetzt schon eine Woche. Was ich nur nicht verstehe, ist: Wie die so schnell sieht, dass eine fehlt! Ich bemühe mich sehr, aber kaum geht die Tür auf, schimpft sie schon wieder, bald muss sie ihre Zwiebeln selber ausgraben! Die Fanny gibt mir auch wieder Unterricht im Mäuseausbuddeln. Ich bin schon richtig gut, ja fast noch ein bisschen besser als sie, denn wenn wir heimkommen schlagen alle die Hände über dem Kopf zusammen. Und Fanny wird geschimpft, weil sie mich anstiftet! Aber die Fanny stellt sich nicht nur blind, sondern auch taub, das muss ich auch noch lernen.

14.10.06

Im tiefen, tiefen Wald

Samstag: Herrli ist zu Hause, Opa bleibt zu Hause ... (Samstag ist Opas freier Tag! Opa ist Rentner und hat eigentlich immer frei, aber am Samstag geht er Karten spielen und die Oma bleibt zu Hause)

... das große Wuseln beginnt. Der Traktor bekommt den Hänger dran, Motorsägen, Kanister, Axt, Seile werden aufgeladen. Opa hat eine witzige blaue Hose mit Latz an (hab ich ja noch nie gesehen) und fährt schon mal los. Herrli setzt mich ins Auto, Frauli bringt noch einen Jausenkorb und auch wir fahren los in Richtung Wald.

Die Anfahrt ist gar nicht so ohne. Der Traktor hat Mühe, mit dem Hänger diesen dreckigen Forstweg hochzukommen, und muss dreimal Anlauf nehmen. Opa wird schon leicht nervös und kommt ins Schwitzen. Mit dem Auto probieren wir es erst gar nicht, steigen aus und gehen das letzte Stück zu Fuß in den tiefen Wald hinein oder noch besser hinauf. Es ist ziemlich steil hier und ich bin wieder mal sehr froh, vier Beine zuhaben.

Die Gerüche da sind herrlich, es riecht nach Moos und Erde, Holz und Blättern, modrig und frisch zugleich. Und nach Schwammernl riecht es auch, jetzt kann ich mich wieder erinnern, es riecht wie im Urlaub, da, wo Frauli, die Schnecke und ich Mittagessen gesammelt haben.

Eine Ruhe ist das hier, ich kann sogar die Blätter fallen hören, die braunen, schrumpeligen Blätter, es liegen schon sehr viele am Waldboden, nur ein paar grüne sind noch ganz oben auf den Baumriesen und so kann auch dort und da die Sonne ein wenig durchblitzen. Tiere – mäßig ist hier nicht viel los, dort und da ein leises Zwitschern in luftigen Höhen, ab und zu ein flottes Käferlein in schillernden Farben und unter jedem Blatt ein fetter Wurm. Aber ich habe noch keinen markierten Baum gefunden so wie zu Hause und nur eine Losung von einem Reh, der Geruch ist in meiner Nase fixiert, seit der Opa im Sommer mal eins ausgezogen hat. Eine mir unbekannte Spur hab ich noch weiter oben erschnüffelt, sie bereitet mir unerklärliches Unbehagen und ich überlege, wie dieses Tier wohl aussehen könnte. Vielleicht ist es sogar gefährlich für kleine Hunde wie mich? Und so in meinen Gedanken vertieft streife ich in Richtung Traktor …

Plötzlich! Mich reißt's wie einen Zauberer! Nicht weit von mir startet mein Herrl diese Höllenmaschine von Motorsäge und vorbei ist es mit der Ruhe für die nächsten drei Stunden. Dort und da fällt ein mickriger Nadelbaum um, Opa hackt die Äste weg und Frauli schleppt die Teile zum Hänger. Gleich sieht es aus wie auf einem Schlachtfeld und mir ist gar nicht wohl in meiner Haut. Ich lege mich auch sicherheitshalber unter den Hänger. Ich press die Augen zu in der Hoffnung, ein wenig Schlaf zu finden, was aber bei dem Lärm unmöglich ist. So habe ich übersehen, dass ein Baumriese in Richtung Traktor fällt und mit seiner Laubkrone genau über mir landet. Ich hab so einen Schreck gekriegt, mit einem Satz bin ich aufgesprungen, hab mir auch noch den Kopf angeschlagen und bin weggerannt, so schnell ich konnte, einfach nur bergab. Zum Glück kam ich am Auto vorbei und darunter hab ich mich verkrochen.

Nach langer Zeit, als endlich wieder Ruhe einkehrte in diese Idylle, kommt mein Herrli und schaut, ob ich noch lebe. Wir sind fertig und packen wieder alles auf, was wir mitgebracht haben. Mit dem schwer beladenen Hänger kriecht Opa den Weg herunter, kommt etwas ins Rutschen, fängt sich wieder und stellt den Motor ab. Just da hören wir ein eigenartiges Bellen, unweit von uns entfernt läuft ein Tier, das von Weitem aussieht wie ein Hund. Ein dünner Hund mit hellbraunem Fell und einer weißen Spitze an der Rute – ein Fuchs! Das war also die Spur, die mir so komisch vorkam. Staunend schauen wir ihm nach und dann fahren wir heim – endlich! Ich bin hundemüde und freu mich auf mein ruhiges und sicheres Schlafplätzchen.

15.10.06

Sonntag — Nachmittag — Spaziergang

Heut ist ein wunderschöner Herbstsonntag und meine beiden Brötchengeber beschließen einen Spaziergang zu machen. Wohin, ist schnell geklärt, mein Herrl will auf einen Berg und Frauli will in die Sonne. Also steuern wir den Südhang an, den wir von zu Hause aus sehen können. Dabei müssen wir das erste Stück die Straße entlanggehen und dann auch noch die Bundesstraße überqueren. Beides bereitet mir Unbehagen, ich bin es einfach nicht gewohnt: der Lärm, die Autos, der Gestank und außerdem muss ich »bei Fuß gehen«. Herrli ist ganz schön streng, er erlaubt mir hierbei keinen Spielraum. Fanny geht neben Frauli ohne Leine her, dabei streift ihr dicker, kugeliger Bauch immer wieder Fraulis Beine — das sieht so witzig aus, dass ich Mühe habe, mich zu konzentrieren.
Über der Bundesstraße, werde auch ich endlich abgeleint, aber ich darf nicht laufen sondern Herrli sagt: »Siiitz und bleib!« Ob er das ernst meint, ich soll hier alleine sitzen bleiben? Bestimmt hab ich was falsch verstanden und so verfolge ich das Trio unauffällig. Uuups! Donner und Blitz — das Gleiche noch einmal: »Siiitz und bleib!« Diesmal bleibt Fanny auch bei mir und so warten wir zu zweit geduldig, bis es endlich heißt: «Hiiier!« — Jetzt geben wir aber Gas und spurten hinterher. Über die Sinnhaftigkeit dieser Aktion könnte man nun diskutieren, aber mit meinem Herrl wäre das sicher zwecklos.

Flotten Schrittes wandern wir den Berg hinauf, manchmal dreh ich mich um, irgendwie hab ich den Eindruck, als würden wir verfolgt. Das ist schon ein anderes Tempo, als wenn ich mit Frauli und der Kleinen unterwegs bin.
Endlich kommen wir zu einem Schild »Mostschneke« (sollte das eine Anspielung sein? Sind wir nicht schnell genug?), was immer das ist, es sieht so aus, als wäre das unser Ziel, bestimmt machen wir da Pause. Nach weiteren Höhenmetern müssen wir leider feststellen, dass die Mühe umsonst war, das Haus ist zu und sollte Mostschenke heißen. Aber nicht, dass Man(n) überlegt, ob wir auf Grund dieser Tatsache umdrehen und den Heimweg antreten, nein! Weiter geht es ohne Verschnaufpause, dabei tun mir jetzt schon die Ballen meines 4er-Antriebs weh. Es ist mir ein Rätsel, wie die Fanny das schafft, zu Hause humpelt sie wie ein altes Weib und jetzt rennt sie mir noch davon – versteh einer die Frauen!
Über Stock und Stein, durch Rinder- und Schafherden, unter elektrischen Zäunen durch, an vielen Höfen mit Katzen vorbei führt uns die Wanderung bis wir endlich den Berg unten sind, wo wir zu ebener Erde (aber nicht langsamer) den Heimweg antreten.
Auf einmal weichen wir von unserem Weg ab und gehen einen Bach entlang.

Klar, die Fanny geht sogleich wieder schwimmen und ich werde auch mehr oder weniger dazu genötigt.
Plötzlich, nicht weit von mir, macht es einen lauten Platsch, sofort springt die Fanny an mir vorbei und stößt mich in ihrer rüpeligen Art um, sodass ich rücklings ins tiefe Wasser falle. Schnaubend und hustend habe ich mich aus den Fluten gequält, fix und fertig war ich, aber keiner nahm Notiz von mir. Ich wär beinah abgesoffen und niemand hätt's gemerkt.
Das Augenmerk galt zwei großen Rehen, die wir aufgeschreckt haben und die nun das Weite suchten. Fanny wollte hinterher, aber Frauli hat so eine super Reaktion – die hat sie am Krawattl gepackt und zu Boden gedrückt. Dann gab's Schelte und auch noch einen Satz warme Ohren. Herrli sagt, er ist froh, dass »Charles« mit den Viechern nix am Hut hat (wie auch, ich hab immer mit mir selbst alle Pfoten voll zu tun).
Endlich konnte ich unser Zuhause sehen! Das Problem war, dass wir auf der falschen Bachseite unterwegs waren. Also schickte sich unsere Bergziege an, auf einer Wehrmauer den Bach zu überqueren. Mein Herrl und die Fanny waren gleich live dabei und mich armen Tropf ließen sie quietschend und wimmernd stehen. Zu allem Überfluss wurde da auch noch die Geschichte von einem Rottweiler verbreitet, der in dieser Wehr ertrunken ist, weil er so schwer war. Ich weiß gar nicht wie die Fanny mit ihrer Wampe da rübergewackelt ist. Beim Überqueren der 10 cm schmalen und glitschigen grünen Steine hab ich um mein Leben gebangt, schließlich ging es auf beiden Seiten hinunter, ich

konnte den Grund nicht sehen, so tief ist der Bach da gestaut. Auf den zehn Zentimetern hatte ich große Mühe, meine großen Pfoten hintereinander draufzusetzen, nebeneinander wäre sich das nie ausgegangen. Wie eine grazile Ballerina musste ich hinübertänzeln. Schadenfroh bog sich das Trio vor lachen lauthals bei diesem Anblick! Hahaha ... ich wollte nur noch heim!

Lieber Charles!

Berge, Bäche und geschlossene Mostschneken …
was du alles hast!

Nach diesem Abenteuerausflug hast du ganz sicher nichts mehr angestellt. Das Kommando »Siiiitz und bleib« musst du unbedingt befolgen, auch wenn es dir im Moment absolut blödsinnig erscheint. Lass dir von deinem Onkel eines sagen: Das hat nämlich einen Sinn! Du hast sicher auch herrliche Wiesen und wenn du dann schön brav sitzen bleibst, dann kannst du nämlich beim Abrufen so richtig Gas geben. Mein Frauchen entfernt sich oft schon so weit, dass ich sie kaum noch sehen kann. Da sitze ich dann schon auf Pfotenspitzen und warte sehnsüchtig auf den erlösenden Pfiff.
Also: schön sitzen bleiben und dann kannst du auch »die Pfoten fliegen lassen«!

Viele fliegende Pfötchen
von deinem Onkel Sam

Der freundliche Bäckerlehrling!

Den ganzen Sommer bekommen wir das Brot und die Semmeln täglich frisch geliefert. Dieser Lieferservice geschieht zur vollsten Zufriedenheit der Oma immer direkt bis in die Küche.
Aber diese Woche macht der Bäcker Urlaub mit seiner Frau. Und der Lehrling fährt mit dem frischen Gebäck die Gegend ab. Die Oma stellt wie immer die Schüssel hinaus mit einem Zettel, auf dem sie aufschreibt, wie viele Semmeln benötigt werden. Der Neuling ist so freundlich und stellt die gefüllte Schüssel vor die Küchentür auf den Boden. Am ersten Tag ist es noch gar nicht aufgefallen, aber am zweiten Tag wurden nur fünf Semmeln bestellt und dass der Lehrling sich so verzählt und nur drei Stück liefert, konnte die Oma fast nicht glauben. Jedenfalls hat sie sich heute früh wohl auf die Lauer gelegt, denn kaum bog ich um die Ecke, um mir meine Morgengeschenke abzuholen, stand sie auch schon da! Mit erhobenem Haupt dem großen Straßenbesen in der einen und strengem Zeigefinger an der anderen Hand hat sie wild vor ihrer Schüssel herumgefuchtelt. Uuupps!

Aus der Traum vom frischen Gebäck, ich werd mit einer trockenen Scheibe Brot zufrieden sein müssen bis zum Ende meiner Tage (Die sicher nicht mehr weit sind, mein liebes Tagebuch – wenn ich den nächsten Eintrag mache wirst du mir das bestätigen!)

Onkel Sam nimmt wieder Anteil an meinen Sorgen:

UND FÜHRE MICH NICHT IN VERSUCHUNG ...

Diesen Versuchungen bist du aber wirklich ständig ausgesetzt! Stellt die Semmeln frei zugänglich hin – ja was wird denn eigentlich von dir erwartet?
Sollen doch alle froh sein, dass es einen freiwilligen Vorkoster gibt!
Irgendwann wirst du wahrscheinlich mit Maulkorb und Fußfesseln deinen Freigang absolvieren müssen. Aber der Bäckermeister wird ja wohl hoffentlich nicht ewig auf Urlaub sein und dann werden die Semmeln wieder ordnungsgemäß in der Küche abgeliefert. Ich wünsche dir einen katastrophenfreien Tag
und schicke dir viele Pfötchen

dein Onkel Sam

Information ist alles

Früh am Morgen, wie immer dieselbe Geschichte:
Ich werde wach, verspüre einen Drang, quietsche zweimal, Frauli stürmt die Treppe runter, lässt mich raus, ich warte vor der Tür, bis sie mit einem Stück Brot kommt (das hab ich ihr schon anerzogen, denn wenn sie nicht kommt, kratz ich an der Tür; bis zum eigentlichen Frühstück ist es noch lange hin), Lakerl machen, 1,5 Stunden Freizeit!

Jeden Morgen stell ich mir die gleiche Frage – was fange ich mit so viel Freizeit an? Das ist immer die Zeit, wo ich fast Sehnsucht nach meinen Hühner kriege und mir schwöre: Wenn die Oma wieder welche anschafft, dann werd ich sie nicht mehr ganz so arg zurechtweisen – überleben sollten die nächsten schon.
Und während ich so in Gedanken meine dritte Runde ums Haus gehe, sehe ich die Tageszeitung liegen, die Frauli immer zum Kaffee reinholt. Da denk ich mir, kann ja nicht schaden wenn ich vorher ein wenig reinschau und mich schlau mache. »Information ist das halbe Leben«, sagt mein Herrl. Die dünnen Blätter leiden etwas beim Umblättern, ich bleibe irgendwie mit meinen rauen Ballen an den Pfoten kleben, aber was soll's?! Morgen um dieselbe Zeit kommt erstens die neue und zweitens wird dieses Exemplar ohnehin wieder verheizt. Die brennt sicher gleich gut, ob ich nun Lesespuren hinterlasse oder nicht.
Ich wollte gerade wieder umblättern, da nimmt meine Nase

einen feinen Kaffeeduft auf. Ich dreh mich um da steht sie, mein Frauli in voller Größe (162 cm) hat sie sich hinter mir aufgebaut und will zu einem Schlag ausholen. Zum Glück konnte ich mich grad noch schnell genug ducken. Sagt man deshalb: «das Glück duftet nach Kaffee?« Ohne ein weiteres Wort zu verlieren, ging sie hinein. Oje, aber ich höre schon mein Herrl anrauschen:

Charles! Jetzt stopf ich dich aus! Donner und Blitz ...

Ojemine! Ich hab mir die Tiere angeschaut, die beim Opa an den Wänden hängen, die sind auch alle ausgestopft und machen keinen Mucks mehr. Freilich schauen sie recht zufrieden und friedlich auf den Betrachter herunter. Wahrscheinlich nur Show ...
Ich hatte mir noch gar nicht überlegt, was die wohl angestellt hatten?! Der eine hat einen Zweig im Maul, der andere eine Eichel im Schnabel, das Murmeltier hat bestimmt Murmeln im Magen ... Was werden sie mir reinstecken? Eine Semmel, eine Zeitung oder gar ein Huhn?!
Bis das Donnerwetter verraucht und die Zeitungsfetzen verräumt sind, halte ich lieber mal Abstand.
Gut, dass wir so viele Plätzchen haben und jede Menge freundliche Leute, die mich streicheln – trotzdem!
Oder weil sie nicht wissen, dass ich es faustdick hinter den Ohren habe?

Ich bin so dankbar für die tröstenden Worte von meinem Onkel Sam:

Hallo Charles,
wenn ich so deine Berichte lese, dann erinnere ich mich auch wieder an meine »Junghundzeit«.

Und glaube mir, ich war auch nicht viel besser (bis auf die Hühner – weil wir keine hatten!).

Ich wurde auch darum gebeten, die Morgenzeitung in den ersten Stock zu tragen. Na ja, es hat einige Zeitungen gedauert, bis ich die volle Seitenanzahl abgeliefert habe. War ja sooo lustig! Diese Dinger sind aber auch nicht besonders stabil gemacht. Da konnte es natürlich schon passieren, dass einige Teile im Garten verteilt waren. Aber – irgendwann habe ich alles gebracht.
Gut, man konnte es nicht mehr lesen, aber über diese Notwendigkeit kann man ja geteilter Meinung sein. So ist mein Frauchen oft mit Filzschlapfen und Morgenmantel hinter »Hund mit Zeitung« hergerannt. Die dabei ausgesprochenen Drohungen darfst du gar nicht ernst nehmen. Ich wurde auch nicht ausgestopft.

Viele Pfötchen
von deinem Onkel Sam

»Frühstück bei Tiffany«

Samstagvormittag! Herrli zieht sich nicht die üblichen Arbeitsklamotten an, nein, richtig flott kommt er an und macht seine Luxuskarosse startklar. Das ist dieser blaue, schnittige Flitzer, bei dem sich angeblich die Mädels umdrehen, wenn er durch die Gegend kurvt. Er drückt einige Knöpfe, sodas die Musikmaschine eine Höllenlärm macht und das Dach wie von Geisterhand verschwindet. Staunend steh ich daneben und schau dem Treiben zu.

Ich hab schon öfter beobachtet, wenn Frauli vom Einkaufen damit heimkommt, aber da sieht das irgendwie anders aus. Bemerkenswert, wenn die anfängt auszuladen. Hier kannst du logistische Meisterleistung sehen, das müsste eigentlich ins Buch der Rekorde. Bestimmt verstaut die in diesem Auto drei volle Hoferwagerl und man könnte meinen, sie ist mit einem Kleintransporter unterwegs gewesen – Frauen halt!

Aber gut, mein Herrl ist nun fertig und bittet mich hinten auf dem schmalen Sitz Platz zu nehmen. Ich fass es kaum, ich darf mit?! Wow! Was ist passiert, hab ich Geburtstag? Nein! Hat etwa mein Herrl Geburtstag? Nein! Vielleicht komm ich noch dahinter, aber egal, natürlich braucht er das nicht zweimal zu sagen, mit einem Satz bin ich auch schon drin, er zupft noch die Decke zurecht die für mich gespannt wurde, stellt den Sitz wieder auf, legt noch eine schwarze Samtkappe auf den Beifah-

rersitz, auf der das Wort »PORSCHE« eingestickt ist und schon geht's los.
Puuhh, was für eine Fahrt! Mit erhobener Nase und ganz steif sitz ich da, der Wind bläst mich fast weg, alles flattert, mein Fell, meine Ohren ... aber es ist ein tolles Gefühl.
Zuerst brausen wir auf der Autobahn bis zur großen Stadt, hier fahren wir ab und mitten in die Häuseransammlung hinein. Ein grauer Riese neben dem anderen, unzählige Fenster bis fast in den Himmel hinauf.
Gestank, Staub und dicke Luft, Autos in allen Größen und in den verschiedensten Farben und Lautstärken umgeben mich. Dann fahren wir in ein Haus hinein, besser hinunter wie in einen großen Keller, schnell zieh ich meinen Kopf ein, ich bin nicht sicher, ob sich das ausgeht, aber ja, dann stellen wir das Auto ab und steigen aus.
Nach wenigen Metern öffnen sich zwei glänzende Türen vor uns und wir gehen in den Miniraum hinein, die Türen schließen sich wieder und das Zimmer setzt sich in Bewegung. Ein ekeliges Gefühl ist das, ähnlich wie in diesen Schwebeklos vom Urlaub kommt es mir vor.

Noch schlimmer, das Zimmer hat kein Fenster und ich überlege mir, wie lange wird es dauern, bis ich erstickt bin? Mein Herrl sieht mir meine Sorgen an und beruhigt mich mit den Worten: «Keine Angst der Aufzug ist gleich oben und dann gibt's was Leckeres.«

Schöne Worte, nur für wen wird's schon was Leckeres geben? Für mich doch eher nicht, und wenn dann gibt's ja doch nur eine trockene Semmel, außerdem, da mein Herrl so auf meine Figur bedacht ist, hat er das Leckere wieder nur auf sich bezogen.

Und schon sind wir da, mit einem sanften Ruck bleibt der kleine Raum stehen, die Türen gehen auf, vor uns tut sich ein riesiger Raum auf, mit vielen Lichtern an besonderen Lampen, ein roter Teppichboden breitet sich im ganzen Raum aus, glänzend polierte Möbel stehen rum und edle Bilder hängen an den Wänden.

Ein schwarz gekleideter freundlicher Mann geht auf uns zu und bietet meinem Herrl einen Platz an. Zimmer mit Aussicht, kann ich hier nur sagen. Die großen Fensterscheiben reichen fast bis zum Teppich hinunter und so hab ich auch einen tollen Blick! Einen Blick über die ganze Stadt sozusagen. Von hier aus gefällt sie mir schon besser, die grauen Riesen sind nicht mehr ganz so groß und unheimlich, richtig romantisch schaut es aus. Im Hintergrund hohe Berge, zwischen denen die Sonne hervorblinzelt. Direkt neben mir fliegen ein paar Vögel vorbei – ich bin überwältigt von der Aussicht. Der schwarze Mann kommt mit einer Platte zurück an unseren Tisch und lädt duftenden Kaffee und Gebäck für mein Herrl ab und für mich stellt er eine Schüssel Wasser auf den Boden.

Klar! Ich hab's gewusst – was Leckeres! Da muss ich aber lachen, ha.

Der Ober kommt noch einmal mit einer Zeitung für mein Herrl und erwähnt, dass ich ein guter Hund bin.
»So, Charles«, sagt mein Herrl, »schau, da hab ich eine Belohnung für dich«, und legt mir ein Gebäckstück auf den Boden. Hhmmm, das riecht aber gut, vorsichtig und möglichst leise verdrücke ich dieses schmackhafte Teigstück, das auf meiner Zunge schmilzt wie Butter. Kaum ist das weg, legt er mir noch ein zweites hin, das noch besser schmeckt als das erste. Natürlich schau ich jetzt mal nach, ob es die in Serie gibt. Aber nein, sagt mein Herrl, »aus und Platz«. Sofort befolge ich die Kommandos und spiele braver Hund.
Am Nachbartisch sitzen zwei sehr gut gekleidete, ältere und wahrscheinlich vornehme Herrschaften, die mein Herrl in ein Gespräch verwickeln. Es geht um mich, noch nie hätten sie so einen ordentlichen, schönen und angenehmen Vierbeiner gesehen wie mich! Es war Musik in meinen Ohren. Woher ich komme, wollen sie wissen, wie jung ich bin, wer meine Eltern sind, was so ein »von« kostet? (Anständigerweise hat mein Herrl nicht erwähnt, das ich ein Sonderangebot war.) Fragen über Fragen, schon bin ich weggeschlummert.

Ich bin in einem vornehmen Ambiente, feinstes Porzellan, vergoldetes Besteck, meine Schüssel aus Silber. Es duftet nach frisch Gebackenem, nach Lachs und Schinken, verschiedenste Eiervarianten, feine Crèpes mit Nugat, gefüllte Muffins, bunte Törtchen mit Zuckerperlen und exotische Früchte, so weit mein

Auge reicht, es ist wie in diesem bekannten Roman – wie heißt er noch? »Frühstück bei Tiffany«. Der Ober lässt gerade den Champagnerkorken knallen ...
Plötzlich reißt's mich aus dem Schlaf: Hat mein Herrl mich gerade zum Verkauf angeboten? Spinnt der? Oder hab ich nur geträumt? Bestimmt hab ich geträumt, weil die Leute vom Nachbartisch das Lokal schon verlassen haben – ohne mich!
Herrl macht seine Zeitung zu und ruft dem Ober »Zahlen« und sagt zu mir: »Komm Charles, genug gefaulenzt, jetzt fahren wir wieder heim.«
Luxus hin, Luxus her, das Stadtleben wär ja doch nix für mich.

30.10.2006

Der Löwenbändiger!

Heute Morgen, gleich nach dem Frühstück, bin ich mit der Fanny ausgerückt.
Sie hat gesagt: »Komm lass uns Mäuse graben! – Das geht heute besonders gut, gestern hat's geschüttet wie aus Kübeln, da schwemmt es die Gänge auf, in der Nacht hat es gefroren, da finden die grauen Minis nicht so schnell ein neues Nest.«
Gesagt, getan, wir zogen los. Fanny hat sich gleich kopfüber in den Dreck gestürzt, der jetzt, etwas angetaut, besonders matschig an Pfoten und Fell klebt. Ich hab dem Treiben wieder etwas zugeschaut, weil so richtig ist das ja nichts für mich, aber als sie die erste Maus in die Luft schmiss, hat auch mich das Jagdfieber gepackt und so hab ich auch ein paar Löcher gegraben.

Wir waren also mittendrin und voller Dreck, hat mein Frauli gerufen, bestimmt ist ihr unsere Abwesenheit aufgefallen. Ich bin gleich nach Hause gedüst und wurde mit grimmiger Miene in Empfang genommen. Die Fanny steckte noch halb in einem Loch und so hat die gar nichts gehört. Erst am späten Vormittag kam sie heim – triefend und schmierig vom Dreck! Das Donnerwetter war filmreif, mein lieber Freund! Das ganze Haus hat gebebt. Die Fanny durfte auch gar nicht zur Haustüre rein, die musste ums Haus gehen und wurde erst hinten reingelassen, durch die Schmutzschleuse in die große Dusche katapultiert und kräftig abgeduscht. Ich hatte schon Angst, dass unser Feldwebel sie entweder erschlägt oder ertränkt! Die Arme tat mir richtig leid.

Aber nicht genug, ich wurde auch noch abgeholt. Damit hatte ich nicht gerechnet, erst als Frauli mich mäßig freundlich rief, schwante mir Fürchterliches. Sofort hab ich mich verkrümelt :(ich habe heute kein Halsband dran, da tut sie sich eh schwer, mich zu fassen dachte ich mir) Nein, das half mir aber auch nichts, sie schnappte mich an meinem immer noch zu großen Fell am Rücken, als hätte ich da einen Tragegriff eingebaut, und schleppte mich in Richtung Dusche. Das Wasser lief schon und ich habe meinen Vierpfotenantrieb rückwärts eingeschaltet – »Volle Kraft Backbord« sozusagen. Aber glaubst du, liebes Tagebuch, was das kleine Persönchen für Schmackes entwickelt, wenn die sich was in den Kopf gesetzt hat? Ich bin schließlich schon 29 Kilogramm schwer und konnte mich sicher noch 10 Kilo schwerer machen, aber es half nichts, die zog mich einfach rein. Mit einer Hand hielt sie mich fest, mit der andern ergriff sie den Brausekopf und ich dachte schon, jetzt kann ich entkommen, aber nein. Natürlich hab ich auch gequietscht und gejammert, aber sie blieb stur und taub. Als dann der erste Schwall auf mich runterprasselte, wollte ich noch mal einen Satz noch vorne versuchen, was zur Folge hatte, dass sie mich zwischen den Beinen einklemmte. Frauli wurde auch etwas nass, aber das war ihr wohl wurscht, ihr Ziel war, mich zu ersäufen, und das hat sie fast geschafft. Sie muss in einem früheren Leben Löwenbändiger (erfolgreicher wohlgemerkt) gewesen sein.

Ich weiß nicht mehr, hat mich meine Kraft verlassen oder war es die Angst, dass sie mir das Fell bei lebendigem Leib über die Ohren zieht? Jedenfalls hat sie dann mal gemurmelt: »Na, es geht doch!«

Zu guter Letzt wurde ich dann in ein riesiges, weiches Tuch gewickelt und abgerubbelt, das war zwar angenehm aber grantig bin ich jetzt sowieso – auf Frauli und Fanny!

Die Alte hat mir mit ihrer Jägerei schon so viel Ärger eingehandelt; ihr macht das Baden ja nichts aus und jetzt kuschelt sie vorm Kachelofen und schläft wahrscheinlich bis morgen früh!

Ich muss den ganzen Nachmittag auf der Fußbodenheizung schmachten und darf vielleicht heute gar nicht mehr raus, ich bin echt sauer – »sauber sauer« um genau zu sein!

Onkel Sam muntert mich wieder mal ein bisschen auf, er versteht mich halt:

Lieber Charles,
bei dir gleicht ja wirklich kein Tag dem anderen!

Einmal wirst du mit dem Porsche elegant in die Großstadt chauffiert und mit einem extrafeinen Frühstück verwöhnt und einige Stunden später kämpfst du unter der Dusche um dein Leben!

Also ehrlich, ein Leben wie »Otto Normalhund« liegt dir wohl nicht?!
Jetzt sind die Hühner weg und du legst dich mit den grauen Minis bzw. mit deinem Frauchen an. Fanny ist dir wohl auch keine große Hilfe – zuerst zeigt sie dir alle Tricks der perfekten Jagdkunst und dann kannst du den Erfolg alleine ausbaden (im wahrsten Sinne des Wortes).
Schöne Grüße auch an dein Frauchen und ich hätte da einen guten Tipp für sie ... Hanteltraining! Denn wenn du ausgewachsen bist und cirka 50 kg auf die Brückenwaage bringst – dann wird das ein Ringkampf den du ziemlich sicher gewinnen wirst. Andererseits bin ich fest davon überzeugt, dass es dafür auch eine Lösung geben wird.

Wenn sie heimlich bei den Kühen des Nachbarn mit dem Lassotraining beginnt, dann versuche sauber zu bleiben. Sonst wirst du gefangen, verschnürt und völlig hilflos in die Dusche geschleift. Jippiiieee …

Ich wünsche dir und deinem Frauchen, dass es möglichst bald schneit (das wünsche ich mir übrigens auch!) und eine dicke Schneedecke den Mäusen einen erholsamen Winterschlaf beschert. Gibt es bei euch eigentlich Schneehühner?

Viele Pfötchen
von deinem »Onkel Sam«

Spielverderber – ich sammle Tücher aller Art

Heute Vormittag, wir haben einen wunderbaren Herbsttag, schickt sich unsere Reinigungskraft (so muss ich schreiben, alles andere wäre diskriminierend) an, die großen Scheiben am Eingang zu putzen. Sie stellt schon mal den Putzeimer mit Wasser auf und legt eine Menge sauberer Putztücher dazu. Dann geht sie wieder weg. Die Gelegenheit pack ich sogleich beim Schopf und hole mir die netten bunten Fetzen. Theres, so heißt die Frau, kommt mit einer Stehleiter wieder, sie ist nicht größer als mein Frauli und kommt nirgends hoch. Ohne Fetzen tut sie sich schwer, sie denkt bestimmt »Jetzt werd ich alt«, das erkenne ich an ihrem fragenden Blick, so schaut die Oma auch oft, wenn ich listig und fix was (Gartenschere, linker oder rechter Stiefel, Zeitung zum Feuermachen ...) verräumt habe.
Also geht die Theres wieder weg und kommt erneut mit einem Stapel neuer Putztücher. Aus sicherer Entfernung schau ich diesem Treiben zu. Theres rückt sich die Leiter zurecht, nimmt den Wassereimer und den Schwamm und steigt die Leiter hoch. Endlich ist sie gut aufgehoben und ich kann meine Tüchersammlung etwas bunter gestalten. Als ich die oberen zwei Tücher schnappe und das Weite suche, macht Theres einen Schrei, der mir unter die Haut geht, steigt schnell von der Leiter herunter und rennt mir hinterher. Das find ich aber toll, dass die sich Zeit nimmt, um mit mir zu spielen. Echt nett, muss besonders lustig anzuschauen sein, »Hund mit Fetzen vorneweg und

Frau mit Schürze hinterher«, mit dem Schwamm in der Luft fuchtelnd. So drehen Theres und ich ein paar Runden auf dem Parkplatz bis unser Feldwebel plötzlich auf dem Spielfeld erscheint! Uupps die Fäuste in die Hüften geballt, hustet sie nur etwas unverständlich. Ich erschrecke so heftig, dass ich zur Salzsäule erstarrt, noch vorher den Putzeimer anstupse und der doch tatsächlich umfällt, da aber die neuen Putztücher daneben liegen und sogleich alles aufsaugen, kann das ja nicht so schlimm sein, oder doch? Ich verzieh mich aber sicherheitshalber besser – ohne Fetzten.

Schließlich ist meine Tüchersammlung eh schon recht groß. Ich habe ein sicheres Versteck in Nachbars Garten, von Handtüchern, Halstüchern, Putztüchern und Unterwäsche hab ich schon eine beachtliche Sammlung angelegt. Im Sommer, wenn die Urlauber vor den Bungalows ihre Wäschestücke zum Trocknen aufgehängt haben, ist mir manchmal was vor die Füße gefallen und das hab ich eingesammelt. Die meisten Leute haben vermutet, dass es der Wind war, andere haben die Kinder des Nachbarbungalows verdächtigt, mein Frauli hat sowieso nur den Kopf geschüttelt, wenn wieder einer seine Unterhose suchte, und die Oma meint eh die Menschheit spinnt.

02.11.06

Mein erster Schnee

Gestern sind wir nach Tirol gefahren, Frauli möchte noch ein bisschen den Herbst in den Bergen genießen. Wir fuhren wieder zu dem Bauernhof, wo wir auch schon im Sommer waren und ich so viel erlebt habe. Am späten Nachmittag kamen wir an, sodass ich noch die Gegend erkunden konnte und auch noch Zeit war, die schwarze Katze die Steintreppe rauf und runter zu jagen.

Die Familie hat einiges an Zuwachs bekommen, im Stall stehen jetzt einige von diesen großen Hornträgern, die im Sommer die schmackhaften Mineralienfladen auf den Wiesen verteilen. Jetzt, so im Stall mit einer Kette um den Hals, sind sie mir schon lieber als unkontrollierbar auf der Alm.

Dann ist da noch ein Minizimmertiger neu dazugekommen. Die Kinder sagen, er ist erst ein paar Wochen alt und bei genauer Betrachtung grad mal so groß wie eine meiner Pfoten.

Sehr suspekt dieses Objekt, denn es läuft gar nicht davon, schließlich muss ich für diese Miniaturausgabe einer Katze ein Riese sein. Frech bleibt sie einfach sitzen

und als ich sie anschnüffeln wollte, will die mir doch echt eine hauen.

01.11.2006

Frauli lobt mich über alle Töne, weil ich sie nicht erdrückt habe.

Und dann ist da noch dieser Köter – im Sommer war er auf der Alm, da hatte ich noch nicht das Vergnügen, seine Bekanntschaft zu machen. Frauli sagt:
»Das ist eine Straßenkreuzung« – was immer sie damit meint, auf jeden Fall ist er eine Keifn. Der hat sich so aufgeregt, als der mich gesehen hat, er konnte sich gar nicht mehr beruhigen, andauernd hat er gebellt, bis seine Chefin kam und ihn hineinholte, ich konnte mich nicht einmal vorstellen. Unfreundlicher Genosse, kaum größer als die schwarze Katze, aber weiß und braun gefleckt, denkt er wohl, wenn er so aufdreht, sieht man seine mickrige, muskellose Figur nicht.

Am nächsten Morgen war es viel kälter und die Berge sahen von Weitem weiß aus. Da unsere Mädels wieder nicht aus ihren Faulenzklamotten zu kriegen waren, packten sich mein Herrl und ich zusammen und zogen los. Geradewegs den erstbesten Hang hinauf gehen wir unter gespannten Seilen, wo viele Sessel dranhängen, komische Leute, die Tiroler! Die hängen im Winter ihre Sessel auf.

Je weiter wir nach oben kommen, desto kälter wird es und das Gras unter meinen Pfoten fühlt sich an, als ob es brechen möchte. Wir wandern durch einen dichten Wald und wie wir zur anderen Seite wieder hinauskommen, breitet sich vor uns ein

Hang aus der total weiß ist. Herrli sagt, es ist Schnee, er macht einen Ball und schmeißt nach mir, etwas entsetzt, weil nicht vorbereitet, lauf ich davon, hinein in das weiße Etwas. Dieser Schnee fühlt sich super an und gleich haben wir eine Gaudi – mein erster Schnee, super! Mein Herrl schmeißt mir noch einige von den weißen Bällen zu, die zerbröseln, wenn ich sie fangen kann, bevor wir uns talabwärts auf den Heimweg machen. Auf halbem Weg kommt uns Frauli mit dem Auto entgegen und ich muss schon sagen, keine Minute zu früh, mich haben schon die Kräfte verlassen, das Hinuntergehen war noch anstrengender als das Hinaufspurten und mein Herrl gibt echt Gas ohne Ende.

03.11.06

Was ist ein Hasenfuß?

Am zweiten Morgen in den Tiroler Winterbergen, als mich mein Frauli zur Tür rauslässt kann ich meinen Augen kaum trauen, hier ist ja alles weiß. Aber auch wirklich alles ist unter einer dicken Schneeschicht versunken. Unser Auto (sommerbereift) ist auch nur noch ein weißer Haufen aus Schnee.

02.11.2006 08:07

Der erste Schnee kam angeblich wieder viel zu früh, was ich aber wirklich nicht bestätigen kann, für mich sind die Temperaturen perfekt und endlich versteh ich Auch, was mein Onkel Sam immer meinte, wenn er bei 25 Grad und mehr vom Winter träumte.

Ganz entzückt renn ich ein Stück in die ehemalige Wiese und halte Ausschau nach meinem Knochen, den ich gestern hier irgendwo vergessen habe. Nach ein paar Kreisen finde ich ihn auch, aber jetzt ist es Eisbein.

02.11.2006 10:01

Ich trage es unters Auto, da liegt kein Schnee, damit ich mein Leckerli später leichter finden kann. Da kommt auch schon wieder dieser unfreundliche Vierbeiner, dessen Namen ich noch gar nicht kenne, auf mich zugerannt, bellend und zähnefletschend, total gereizt baut er sich vor mir auf (mit seinem Bauch streift er aber trotzdem den Schnee, weil seine Beine so kurz sind – das sieht köstlich aus) und freundlich wie ich bin, gehe ich paar Schritte zurück. Schließlich bin ich da nicht zu Hause und vielleicht beruhigt er sich leichter, wenn ich ihm zeige, dass ich eh nicht vorhabe, ewig hierzubleiben. Weit komme ich nicht, denn nach ein paar Metern spür ich in meinem Rücken schon die Hecke, der Schnee fällt mir ins Genick und der Köter bellt noch lauter. Plötzlich aber steht mein Frauli hinter ihm und schreit ihn an, er soll die Klappe halten und sich verziehn – Donner und Blitz! Das macht er dann auch sofort.

Obwohl ich die Unterstützung mit Sicherheit nicht benötigt hätte, bedanke ich mich überschwänglich, als hätte ich mein Frauli Tage nicht gesehen. Sie tätschelt mich und sagt: »Charles, du bist ein Hasenfuß! Aber wart nur ab, im nächsten Jahr zeigst ihm, wo der Bartl den Most holt – da bin ich sicher, mein Guter!« Was hat sie damit nur gemeint? Grübl, grübl …

Onkel Sam schreibt, als hätt er sich Sorgen gemacht um mich:

Na, Gott sei Dank, du lebst noch und bist nicht hemmungslos im Schnee versunken!

Natürlich haben wir uns schon alle Sorgen gemacht, denn es kann ja nicht sein, dass dir tagelang nichts, aber auch wirklich nichts passiert.
Diese Sorgen waren unbegründet.

Ich habe es dir ja gleich gesagt – die Winterzeit ist für uns am angenehmsten, aber leider viel zu kurz! Genieße jeden Tag im Tiefschnee und bei eisigen Minusgraden, du wirst im August wieder gerne daran denken. Aber eines kann ich dir auch schon verraten. Es hilft nicht! Aber auch schon gar nicht!

Deswegen hat der Berner seine Depressionen nur im Hochsommer.

Und nun zum »Wäschebunkern«. Wir sind eben nicht nur Jäger, sondern auch Sammler. Leider können wir diesen Neigungen nicht nachkommen.

Ich hatte nicht einmal die Möglichkeit, meine Schätze beim Nachbarn zu deponieren. Überall Zaun! Und im Revier – Frauchen! Die hat alles unter Kontrolle, der entgeht nichts. Na ja, das kennst du ja inzwischen auch schon.
Ich kann mir sehr gut vorstellen, wie die Schürze hinter dem Fetzen hergaloppiert ist. Wirst sehen, in Zukunft wird die Theres immer ein Auge auf ihr Reinigungsmaterial haben. Und wenn was fehlt, dann war es eben »Charles«. Sie wird schon noch die Vorzüge deiner Anwesenheit schätzen lernen!

Und froh wird sie sein, wenn du ihr bei der Suche hilfst …

Viele Pfötchen
von deinem »Onkel Sam«

10.11.06

Fehler mit Folgen und a fescher Bursch

Vor Tagen hat mir Frauli abends das Futter in die Garage getragen, weil es so geregnet hat. Ansonsten fresse ich vor der Haustüre, angeblich weil ich so gierig bin und mir immer so viel Futter aus der Schüssel fällt. Das hat aber auch Vorteile, denn nach dem ersten Kohldampf dreh ich wieder Runde und wenn ich wieder an der Schüssel vorbeigehe, finde ich immer wieder einen Krümel, als Nachschlag sozusagen. Na ja, Frauli hat den Messbecher dort auf das Gesims gestellt und weil schon wieder die Kleine nervte, hat sie den Becher da vergessen. Am nächsten Morgen hatten wir Sturm. Der Wind hat den Becher in die Luft gewirbelt und durch die Gegend getragen, das war superlustig für mich, ich hatte Spaß und Sport zugleich. Irgendwann hab ich meine Beute erwischt und zerbissen.

Jetzt wundert's mich eben seit dieser Zeit, mein Futter wird so wenig, heut hab ich es gesehen, Frauli nimmt einen ausrangierten Joghurtbecher zum Schöpfen – wie soll ich da satt werden?! Ich glaube, ich muss meiner Mama und meiner Pflegemama schreiben, ob sie noch so einen großen Messbecher übrig haben, bevor ich vom Fleisch falle.
Grad jetzt, wo ich mich so gut zusammengewachsen habe.

Ich bin schon ein stattlicher Berner mit 29 Kilogramm (wenn ich die Luft anhalte). Wenn man mich wo hinschleppen will, wiege ich erheblich mehr. Kein Gramm Fett auf den Rippen und immer noch ein Fell zum Reinwachsen. Mit 61 cm Schulterhöhe bin ich schon 5 cm größer als die Fanny.

Ich seh wirklich super aus. Das Mädl, das mich mal kriegt, wird ihre Freude haben. Aber bis dahin hab ich wohl noch etwas Zeit. Ich lese immer ganz aufmerksam die Briefe von meinem Onkel Sam, der kennt sich ja schon aus mit Frauen. Ich möchte auf jeden Fall nicht, wenn mir die Richtige begegnet, dass ich mich anstelle wie der erste Berner überhaupt.

Martini, Martini – »ein Tag wie kein anderer«

Martinilaternenumzug, Martinigansl, Martinimarkt ... was ist hier los? Der Martini?
Ersteres wird dieses Jahr ausfallen, denn: die Kleine hat von der Spielgruppe so ein eigenartiges Papiersackerl heimgebracht; mit großer Freude allen gezeigt und dann achtlos auf den Boden gestellt. Fanny hat mich dann zum Spielen aufgefordert oder war es umgekehrt, na ja, so genau will das eh keiner mehr wissen, wir haben halt da ein bisschen rumgebalgt, auf einmal raschelt's und die Kleine brüllt wie am Spieß. Was soll ich hier weiter ausführen, es ist eh immer derselbe Ablauf. Unser Feldwebel kommt mit geballten Fäusten in den Hüften, holt tief Luft und schimpft – der Charles war's, eh klar! Ich verzieh mich raus und die Fanny schleicht sich unter eine Bank.

Martinigansl ist auch nicht das, was man anstreben sollte – ein ehemaliges Federvieh mit einer Orange im Schnabel und Maroni im Bauch, braungebrannt als wär's im Urlaub zu lange in der Sonne gelegen. Wird aber nicht wie unsere anderen ausgestopften Vor-Zeitgenossen an die Wand genagelt, nein, noch schlimmer, auf Platten serviert und verspeist!
So habe ich beschlossen – ich bleibe lieber Berner.

Mein Herrl verkündet: »Ich fahr zum Martinimarkt und Charles nehme ich mit.« Die Aussage bereitet mir etwas Unbehagen, weiß ich, was ihm einfällt, wo ich doch gehört habe, dass auf Märkten immer etwas verkauft wird. Bin gespannt, ob man hier Martini kaufen kann oder ob man wie auf einem Kälbermarkt ... Jetzt wird's mir aber schlecht, hat doch die Oma erst gestern gesagt, der Charles ist schon ein richtiges Kalb! Zu spät, das Auto setzt sich bereits in Bewegung.
Mei o mei, viele Dinge schwirren mir durch den Kopf, hab ich wieder mal zu dick aufgetragen? Hätt ich doch Herrlis Schuh nicht zum Nachbarn tragen sollen und Viktorias Gummistiefel nicht wie ein Kaustangerl zweckentfremdet, hätt ich besser Fraulis Blumenzwiebeln unter der Erde gelassen und Omas Gartenschlauch nicht abwickeln sollen? Woher sollte ich das wissen? Den ganzen Sommer lag er ums Haus und jetzt auf einmal war er auf einer Rolle – da will man mal helfen und wieder ist es verkehrt! Ich hab nur angezogen ...

Lieber Schutzpatron und Hundeheiliger, ich versprech dir, mich zu bessern, aber bitte mach, dass mein Herrl mich nicht als Kalb verkauft!

Das war eine lange Fahrt, viele schlimme Bilder zogen in Gedanken an mir vorüber, ich sah mich schon aufgeschnitten, geklopft und paniert auf einem Teller liegen, »Kalbsschnitzel à la Charles«, dazu Petersielenkartoffeln und Preiselbeeren ...

Als das Auto mit einem Ruck stehen blieb! »Wir sind da!«, sagt mein Brötchengeber. Er macht die Klappe vom Auto auf und da steht sie:
braune Zöpfe, Sommersprossen im Gesicht, ein Grinsen bis zu den Ohren und eine Zahnlücke mittendrin. »Das ist die Michi«, sagt mein Herrl, »die ist 8 Jahre alt und die Tochter von meinem Arbeitskollegen, sie wird sich heute Nachmittag um dich kümmern, während ich zu tun habe.«

Das nenn ich Erleichterung! Der 5 Kilo schwere Knödel, der mir auf der Fahrt im Magen gewachsen ist, löst sich grad auf und ich krieg wieder Luft. Die Michi nimmt mich sogleich in Empfang, schnappt meine Leine und ich trotte ihr hinterher. Nebenbei, ich wär mit jedem gegangen, Hauptsache, ich werd hier nicht verkauft und verarbeitet.
Die Michi zeigt mir ihren Garten und spielt und tollt mit mir sicher zwei Stunden rum, bis mein Herrl und ihr Vater uns rufen: »Kommt jetzt, gehen wir auf den Markt.« Die Kleine jubelt lauthals: »Super! Jetzt gibt's Zuckerwatte und Kinderpunsch!« Na, wenn die sich vor Begeisterung überschlägt, kanns ja wirklich nichts Dramatisches dort geben und so geht die ganze Familie und auch ich mit meinem Herrl dorthin.
Zwischen den Häusern sind Holzstände aufgebaut mit vielen bunten Dingen, die hier zum Verkauf angeboten werden. Aber nirgends werden Tiere oder Ähnliches verkauft. Es gibt was zu essen, viel Süßes (Zuckerwatte ist ekelig süß), Punsch und

Glühwein. Eine Menge Leute stehen rum und ich dräng mich dicht an mein Herrl, dass er mich ja nicht verliert. Oft wird er bewundert, weil er so einen wunderschönen und braven Hund mit sich führt, das lässt ihn gleich noch stattlicher aussehen! Als es schon lange dunkel und meinem Herrl bitterkalt ist, fahren wir endlich heim, kaum hab ich mich an das Motorengeräusch gewöhnt, schlummre ich auch schon weg, schließlich war das wieder ein Tag wie kein anderer!

Ich liebe mein Herrl und mein Herrl liebt mich – das weiß ich schon, nur manchmal, wenn halt gar so viel schiefgeht, dann könnt ich's beinah verstehen, dass er seine Geduld mit mir verliert.

Beim Weberbergerbauern

Samstagnachmittag, Temperaturen wie im Sommer. Hätte niemand gedacht, dass es eine Woche nach diesem plötzlichen Wintereinbruch noch mal so warm wird.
Mein Herrl will dem alten Weberbergerbauern helfen, die Schneestangen auf das Dach zu heben und zu befestigen. Erst zu Mittag fahren wir los, um auch sicher zu sein, dass das Dach von der Sonne getrocknet ist und keiner abrutschen kann.
Der Bauer und mein Herrl stehen auf dem Dach und werken.
Die Weberbergerbäurin macht die Stalltore auf und geht wieder in die Küche. Ich streune ein bisschen draußen in der Wiese rum und schau mich ein wenig um, da seh ich, dass eine Kuh aus dem Stall rausspaziert, schnurstracks auf die Wiese und zu fressen beginnt, und eh ich überlegen kann, was zu tun ist, kommt noch eine weitere Kuh heraus und die anderen drängen sich fast gleichzeitig zum Tor heraus.

Anscheinend fällt das außer mir niemandem auf, ich überlege kurz und lege los.
Was ein richtiger Berner ist, der weiß einfach, was zu tun ist, der fackelt nicht lang, der macht einfach. Und so habe ich, wie es mir im Blut liegt, die Herde etwas eingekreist, indem ich ganz ruhig, aber bestimmt nur wenige Laute von mir gab, bin hin und her gelaufen und hab den Kreis geschlossen. Die Viecher haben mich zuerst voll blöd angeschaut, die dachten, ich mach einen

Scherz, aber ich konnte sie doch überzeugen, dass sich die gesamte Herde wieder zum Rückzug in den Stall anschickte. Echt super hat das geklappt – »Naturtalent«, kann man da nur sagen; ich war stolz auf mich. Schließlich ist das nicht ohne, eine ganze Herde von den Hornträgern und ich allein, und meine Erfahrungen mit den Viechern sind ja auch nicht grad die besten.
Doch die letzte Kuh war erst grad in den Stall hineingegangen, kommt die Weberbergerbäurin um die Ecke, mit einem Kochlöffel in der rechten und einem Fetzen in der linken Hand wild fuchtelnd, brüllt sie mich nieder – Blitz und Donner! Die hat ein Organ, da ist unsere Oma ein Waisenkind.

Ich versteh die Welt nicht mehr, ich hab ja nicht großartig was erwartet, aber ein klein wenig Lob wäre hier wohl angebrachter. Oder ist die etwa so sauer, weil die Hörnerträger nicht in der richtigen Reihenfolge den Rückzug antraten – das kann ja wirklich keiner von mir verlangen, ich kenn die Viecher ja gar nicht. Als ich dann mal Hilfe suchend auf das Dach geschaut habe, sah ich mein Herrl und den Bauern, wie's die beiden fast runterkugelt vor lauter Lachen. Da kommst du als gebildeter Berner einfach nicht mehr mit. Mit offenem Gebiss stand ich nun da und hab überlegt, was hier los war.

Beleidigt und gekränkt wegen so viel Unverständnis hab ich mich ins Auto verrollt und gewartet, bis wir heimfuhren.

Erst am Abend hab ich mitbekommen, was schiefgelaufen ist. Herrl hat natürlich nichts ausgelassen, wie er meinem Frauli lauthals lachend erzählt hat, was ich für ein super Treiber und Hirtenhund bin – der fatale Irrtum war nur, dass die Tiere noch jeden Nachmittag auf die Weide dürfen, bevor der Winter endgültig Einzug hält. Wie sollte ich das wissen?!

Ende November 2006

Lieber Onkel Sam,

Nein! »Otto Normalhund« bin ich wohl keiner und ich glaube, das werde ich nie werden. Mir spuken noch so viele Geschichten im Kopf herum, die ich alle noch erleben will. Und wenn mein Feldwebel nicht die Geduld mit mir verliert, mein Herrl mich nicht ausstopfen lässt und mein Schreiberling weiterhin mithalten kann, werde ich bestimmt noch ein weiteres Tagebuch füllen.

Dieses Tagebuch, das am 7. Mai dieses wunderbaren Jahres 2006 den ersten Eintrag bekam, als meine Mama Anna mir und meinen Geschwistern das Leben schenkte, ist nun voll. Voll mit Erfahrungen, lehrreichen Abenteuern, witzigen Begebenheiten, trotzigen Anekdoten, nachdenklichen Geschichten …

Ein Tagebuch voll Hundeleben!

Ich danke dir, lieber Onkel Sam, für deine vielen guten Ratschläge, ohne die ich vielleicht gar nicht soo alt geworden wäre. Ich danke dir für deine aufmunternden Briefe und danke vor allem unseren beiden Schreiberlingen, dass sie alles sinngemäß und mit unseren Worten zu Papier brachten. Denn, mal ganz ehrlich ohne unsere »Tippsen« wären wir niemand!

In diesem Sinne und bis bald

Dein Charles

Inhalt